09/293   16,80

Senioren - Bücherei
Evangelische Kreuzkirchengemeinde
Ludwigstraße 22
5600 Wuppertal 1

Der Kuss

Neue Geschichten und
Gedichte von Franz Hohler
Sandra Paretti
Hans Herlin
Claudia Storz
Otto Steiger
Hans Guggenbühl
John W. Denzler
Gerold Späth
Laure Wyss

Eingeleitet von
Kurt Guggenheim

Sumus Verlag Feldmeilen–Zürich

Umschlaggestaltung: Rudolf Reinhardt, Basel
Umschlagbild:
Anastasia Panajotova, «La Rose»
(Abdruck mit freundlicher Genehmigung der
ARTA Vereinigung der Kunstfreunde Zürich)
Zeichnungen: Franz Hohler, Claudia Storz,
Hans Guggenbühl, John W. Denzler

Printed in Switzerland 1980
Druck und Einband:
Friedrich Reinhardt AG, Basel
Alle Rechte vorbehalten
ISBN 3 85926 003 0

Für Armin und Louise Grossenbacher

Inhalt

Kurt Guggenheim	Einleitung	9
Franz Hohler	Der Kuss	
	Drei Möglichkeiten	11
Sandra Paretti	Die Puppen von Goldlauter	15
Hans Herlin	Nun, wir sind solche Narren	26
	Roi d'Ys	32
Claudia Storz	Vier Gedichte	50
	Möbel	54
Otto Steiger	Mädchen in Blue jeans	60
Hans Guggenbühl	Zwei Gedichte	70
	Der Dichter	73
John W. Denzler	Intelligenz kennt keine Grenzen	88
Gerold Späth	Zürich zum ersten, zum zweiten...	98
Laure Wyss	Die schwarze Frau	112

Kurt Guggenheim

Einleitung

Für einen alten Schriftsteller ist es eine Freude, für jüngere und junge Nachfolger ein paar Worte sagen zu dürfen. WederKritik noch Empfehlung – beides wäre sinnlos. Jeder in diesem aus dem Nichts, ohne Lehre und Abschlussprüfung, ohne Diplom und Ausweis wirkenden Beruf weiss, dass sein Anfang wie ein Zufall, quasi als dilettantisches Unternehmen begann, und dass die Bezeichnung «Schriftsteller» sich unendlich langsam aus einem Wunsch zu einem Bestandteil des Zivilstandes wandelte und eigentlich niemandem etwas bietet, als eben jenem, der irgendetwas aus Dasein und Erleben in das Dasein der Sprache hinübertragen will, «bewusst machen», «das Bewusstsein erweitern», wie man heute sagt.
   Die kleine Anthologie von Prosa und Gedichten in Grossdruckschrift bietet dem Leser wieder einmal Gelegenheit, mit dem üblichen Verglei-

chen aufzuhören. Sowenig man von einer Tulpe sagen kann, sie sei «schöner» als ein Flieder, so wenig kann man von einem Schriftsteller sagen, er sei «besser» als der andere. Dass man an einem Werk mehr Gefallen findet als an einem andern, dass der eine mehr «Erfolg» hat als der andere, das mag den Verleger, den Buchhändler angehen; den Leser sollte es schon nicht mehr beeinflussen, und dem Schriftsteller selbst sollte es völlig gleichgültig sein. Wäre es ihm um Ruhm und Geld gegangen, so hätte er bei dem Talent, das seine Betätigung voraussetzt, manch anderen Beruf ausfindig machen können, in denen das «besser» und der «Erfolg» zum Massstab werden. Aber das Schreiben ist weder eine schlaue Wahl noch Selbstüberschätzung, sondern schlicht: Schicksal.

Wenn der Leser so sich harmlos, vorurteilslos, «naiv» dem hingibt, was ihm diese neun Autoren darbieten, so wird etwas von dem, was ihnen Staunen war, auch zu seinem werden.

Franz Hohler

Der Kuss
Drei Möglichkeiten

I
Ein verheirateter Mann gab einer Schauspielerin, mit der er an den Rheinfall gefahren war, als er mit dem Auto wartete, bis er in die Hauptstrasse einbiegen konnte, einen Kuss. Dabei geriet sein Wagen ins Rollen und kam direkt vor einen Lastwagen, der nicht mehr bremsen konnte. Der Mann und die Schauspielerin waren sofort tot.

II
Ein verheirateter Mann gab einer Schauspielerin, mit der er an den Rheinfall gefahren war, als er mit dem Auto wartete, bis er in die Hauptstrasse einbiegen konnte, einen Kuss. Dabei geriet sein Wagen ins Rollen, streifte den Anhänger eines vorbeifahrenden Lastwagens, wurde auf die andere Strassenseite geworfen, wo ein korrekt entgegenkommender Lieferwagen die Kollision

nicht mehr vermeiden konnte. Der Mann kam mit einigen Rippenbrüchen und einer Gehirnerschütterung davon. Die Schauspielerin jedoch wurde durch den Unfall querschnittgelähmt und musste fortan durch diesen Mann unterhalten werden, da sowohl er als auch sie nur ungenügend versichert waren. Dies fiel dem Mann um so schwerer, als er die Schauspielerin erst am Tage des Unfalls kennengelernt hatte und von einer Beziehung zwischen ihm und ihr keine Rede sein konnte, was aber wiederum auf seine Frau und die Gesellschaft sehr unglaubwürdig wirkte. Die Beziehung zur Schauspielerin entstand erst jetzt, nach und nach, und der Mann hatte keine Freude an dieser Beziehung, denn die Schauspielerin war dumm und geschwätzig und hatte nun sehr viel Zeit, und die Besuche belasteten sein Familienleben, und auch die Vesuche, sie in die Familie zu integrieren, endeten peinlich und mühsam, weder seine Frau noch seine Kinder mochten die Schauspielerin und waren nur höflich zu ihr. Der Mann verfluchte den Tag, an dem er, einer Laune folgend, mit dieser Schauspielerin an den Rheinfall gefahren war, aber es nützte ihm nichts.

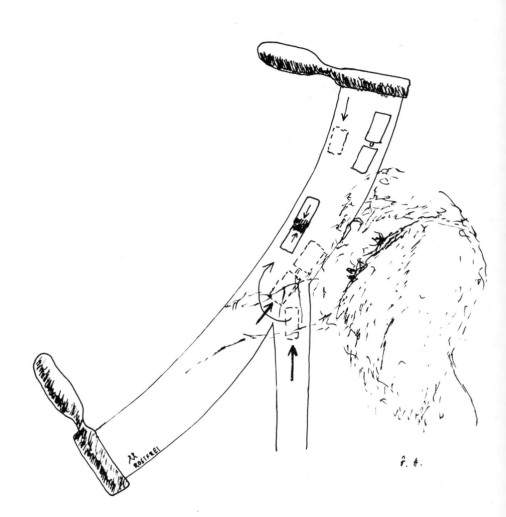

III
Ein verheirateter Mann gab einer Schauspielerin, mit der er an den Rheinfall gefahren war, als er mit dem Auto wartete, bis er in die Hauptstrasse einbiegen konnte, einen Kuss. Dabei geriet sein Wagen ins Rollen, und er konnte gerade noch rechtzeitig bremsen, bevor der Lastwagen an ihm vorbeifuhr.

Das hätte schiefgehen können, dachte er.

Die Schauspielerin traf er später nie mehr.

Sandra Paretti

Die Puppen von Goldlauter

Es ist eine jener Geschichten, die man eigentlich nicht erzählen kann – die Geschichte einer Freundschaft. Ihr Name war Gusti, und ich sehe sie deutlich vor mir: das ernste Gesicht mit den dunklen Augen; die dicken braunen Zöpfe, die am Ende in eine Locke aufsprangen. Vom ersten Schultag an hatte ich sie wegen ihrer Zöpfe bewundert. Wir gingen in die Albrecht-Altdorfer-Schule in Regensburg. Es war die erste Klasse Volksschule, eine reine Mädchenklasse.

Unsere Lehrerin war sehr streng. Jede Woche hielt sie eine Prüfung ab, und nach den Ergebnissen machte sie dann eine neue Sitzordnung für die Klasse. Die «Gescheiten» kamen in die linke Bankreihe, dort wo der Ofen stand, die «Mittleren» in die Mittelreihe, die «Dummen» in die zugige Fensterreihe. Ich mochte die Lehrerin nicht. Ich mochte die Prüfungen nicht.

Es war im Winter 1941/42. Vor den Fenstern

lag Schnee. Im Klassenzimmer war es dämmrig. Unsere Mäntel hingen an Wandhaken. Der Ofen in der Ecke gab nicht viel Wärme. Ein Eimer mit Briketts stand daneben; irgendwann erschien der Hausmeister, rüttelte die Asche durch und legte zwei Briketts nach.

Unsere Lehrerin hielt wieder einmal die wöchentliche Prüfung ab. Kleines Einmaleins. Sie stellte die Aufgabe – sechs mal sieben – wir mussten nur das Ergebnis – zweiundvierzig – auf unsere Tafel schreiben. Zeit zum Überlegen hatten wir nicht. Es ging alles sehr schnell, sechs mal sieben, drei mal neun, vier mal acht… Am Schluss klatschte sie in die Hände, und wir mussten die Bänke verlassen und uns an der Rückwand des Schulzimmers aufstellen, den Zeigefinger auf den Lippen. So sahen wir zu, wie die Lehrerin von Platz zu Platz ging, sich über unsere Tafeln beugte: Ein lautes Kratzen, wenn sie einen Fehler anstrich, ein leiseres, wenn sie die Note daruntersetzte.

Nachdem auf jeder Tafel eine Note stand, folgte die Prozedur der neuen Sitzordnung. Ich gehörte diesmal zu denen, die befördert wurden, von den «Mittleren» zu den «Gescheiten». Es war nicht mein erster Umzug, aber der einzige, an den ich mich genau erinnere. Das hat zwei Gründe: Mein schöner neuer Schwamm zum Abwischen der Tafel ging dabei verloren. Als ich am neuen Platz meine Sachen auspackte, war er nicht mehr da. Die Schraubdose, in der ich ihn aufbewahrte, damit er immer nass blieb, war leer.

Der zweite Grund war Gusti. Die Beförderung hatte mich zu ihrer Banknachbarin gemacht. Stumm – Schwätzen war streng verboten – hielt ich ihr die leere Schwammdose hin, und sie verstand. Mehr noch. Nach der letzten Stunde blieb sie mit mir im Schulzimmer zurück. Wir durchsuchten alle Bänke – vergeblich. Ich wollte schon aufgeben, aber Gusti suchte weiter, kroch unter die Bänke, suchte den Boden ab und tauchte schliesslich triumphierend mit einem Schwamm auf: er war nicht neu, nicht der verlorene, doch Gusti hielt mir das graue nasse Etwas so stolz hin, dass ich nicht anders konnte: «Ja», sagte ich, «das ist meiner». So begann unsere Freundschaft.

Von da an waren wir unzertrennlich. Fast täglich kam sie zu mir nach Hause auf den Oberen

Wöhrt, einer Insel zwischen den beiden Donau-Armen. Das Haus, in dem meine Eltern die Wohnung im ersten Stock gemietet hatten, war früher einmal ein Sommerhaus der Regensburger Domherren gewesen. Der grosse Hof, der dazugehörte, war ein Paradies für Kinder: Es gab da ein kleines Elektrizitätswerk, das von einem Wasserrad betrieben wurde; auf einem stillgelegten Schornstein nisteten jeden Sommer Störche; ein Pferdestall war da und eine Schreinerei mit vielen Holzstapeln, für Versteckspiele ideal... Gusti machte alle unsere Spiele mit. Ihre ganze freie Zeit war sie bei uns. Das Seltsame war nur, dass sie nie den Vorschlag machte, ich sollte einmal mit zu ihr kommen. Ja, ich wusste nicht einmal genau, wo sie wohnte. Wenn sie gleich von der Schule aus mit zu mir kam, sagte sie nur kurz zu Hause Bescheid. Sie liess mich dann im Weissgerbergraben warten und verschwand in einem der Häuser. Einmal wurde mir das Warten zu lange, und ich folgte ihr. An den Wohnungstüren im Haus standen lauter fremde Namen. Ich fragte und man schickte mich ins Hinterhaus. Eine schmale Verbindungstür, ein dunkler Gang, feuchte Mauern, Modergeruch, eine steile lichtlose Treppe. Mein Herz begann zu klopfen. Ich hatte eine neue Welt betreten. Ich wusste nicht, dass es die Welt der Armut war. Ich war ein Kind und sah nur das Haus.

Von oben hörte ich Gustis Stimme. Ich rief hinauf. Sie kam gerannt, zog mich mit sich, schob mich durch eine knarrende Tür ins Freie. Ihr Gesicht war weiss, tödlich erschrocken, und sie sagte:

«Tu das nie mehr.»

«Was?»

Aber sie hatte sich schon wieder gefangen, hakte sich bei mir ein, wollte mich fortziehen. Ich blieb stehen und blickte mich um. Wir standen nicht im Weissgerbergraben. Im Weissgerbergraben schien die Sonne, hier nicht. Im Weissgerbergraben hatten die Häuser helle Fassaden, hier nicht. Graue Mauern, bröckelnder Putz, verrostete Dachrinnen, kleine Fenster. Nein, das ist später dazugedacht. Damals sah ich nicht, dass die Mauern schadhaft waren, die Dachrinnen rosteten – ich sah nur das Neue, das Unbekannte, eine andere Welt, die mich lockte. Auch der Name der Gasse gefiel mir: Engelburger Gasse.

Ich erinnere mich, dass ich Gusti von da an bedrängte: Konnten wir unsere Hausaufgaben nicht bei ihr machen? Nein. Konnten wir nicht bei ihr spielen? Kopfschütteln. Ich glaube es vergingen zwei Jahre, vielleicht sogar mehr, bis sie plötzlich und ganz unerwartet eine Einladung aussprach. Ja, es war eine förmliche Einladung, Tag und Stunde genau festgelegt, alles eine Woche im voraus, als bedürfe sie dieser langen Vorbereitungszeit. Zur verabredeten Stunde war ich da. Sie wartete vor dem Haus auf mich. Ihre Mutter öffnete uns. Eine schmale Frau in einem braunen Kleid. Ich wusste, dass sie in einem Lebensmittelgeschäft als Putzfrau arbeitete. Ich wusste auch, dass Gustis Vater, ein Eisenbahner, bei einem Unglück ums Leben gekommen war. Ich hatte dazu niemanden fragen müssen. Meine Mutter hatte es herausgebracht. Die Wohnungstür führte unmittelbar in einen Raum, der Schlafzimmer und gute Stube in einem war: zwei Betten, ein grosser Schrank, ein Sofa, ein Büffet, eine Stehlampe und eine Zimmerlinde. Daneben die Küche. Ich sehe heute noch den gedeckten Tisch vor mir, die weisse Decke mit dem Kreuzstichmuster, das Geschirr mit blauem Rand.

Und ich erinnere mich genau an den Duft von Kakao und Bittermandeln.

Die Mutter liess uns allein. Gusti war die Gastgeberin. Sie schenkte Kakao in die Tassen, servierte von dem Auflauf. Er war noch warm, ein leichter heller Teig, seidenweich auf der Zunge. Ich habe nie mehr etwas Ähnliches gegessen...

Gusti brachte ein Buch mit Bildern aus fremden Ländern. Wir blätterten es durch. Dann fragte ich, wie es jedes Mädchen in meinem Alter getan hätte: «Kann ich deine Puppen sehen?»

«Meine Puppen sind bei meiner Tante in Goldlauter.»

Die Antwort kam ohne Zögern. Hatte Gusti deshalb die acht Tage gebraucht, um auf alle Fragen von mir sofort eine Antwort parat zu haben? Aber solche Gedanken kamen mir erst sehr, sehr viel später.

«Goldlauter? Wo ist das?»

«In Thüringen. In den Sommerferien fahre ich immer dorthin.»

«Und du lässt deine Puppen dort?»

Auch diesmal kam die Antwort prompt:

«Man kann sie nicht mitnehmen. Sie sind zu gross.»

«Zu gross? Wie gross?»
«So wie ich und du! Und sie können gehen.»
Ich sah Gusti bewundernd an. Ich hatte immer gewusst, dass sie etwas Besonderes war.
«Richtig gehen?»
«Natürlich.»
«Sie fallen nicht um?»
«Niemals. Sie laufen auf Schienen.»
«Wie ein Zug?»
«So etwa. Aber die Schienen sind unsichtbar, so dass sie ganz echt aussehen, wie lebendig.»
«Und das alles ist in Goldlauter.» Ich sprach den Name langsam aus, vorsichtig, eine Zauberformel. «In Goldlauter, ja. Meine Tante hat eine grosse Apfelkammer. Im Sommer ist sie leer, und ich habe sie ganz allein für mich – und die Puppen natürlich.»
«Wie viele sind es?»
«Eine ganze Puppen-Familie.»
«Hast du keine Fotografie oder ein Bild?»
Gusti zögerte einem Moment.
«Doch», sagte sie dann, «aber nur von meiner Lieblingspuppe.» Sie deutete auf eine gerahmte Fotografie an der Wand.

«Darf ich sie ansehn?»
Wir traten beide vor das Bild. Eine Puppe – eine Dame in einem langen weissen Sommerkleid war darauf zu sehen. Sie stand in einem Park, stützte sich leicht auf einen Sonnenschirm.
«Sieht wie lebendig aus, nicht wahr?» sagte Gusti.
Ich konnte nur nicken, stumm. Schliesslich fragte ich: «Können deine Puppen auch sprechen?» Ich hielt alles für möglich.
Gusti sah mich an, ein Lächeln in den dunklen Augen. «Das wäre zuviel des Guten», sagte sie, «nicht wahr.» Sie sprach manchmal wie eine Erwachsene.
«Wann fährst du wieder zu deiner Tante?»
«Im Sommer natürlich.»
«Kann ich mitkommen? Bitte, lass mich mitkommen, ja?»
Wieder lächelte Gusti.
«Warum nicht.»
Ich glaube, ich stellte noch viele Fragen an diesem Tag, überschüttete sie geradezu mit Fragen, aber ich weiss sie nicht mehr, weiss nur, dass Gusti auf alles eine Antwort hatte, und dass ich

immer wieder auf die Puppen zurückkam, immer wieder die Fotografie von Gustis Lieblingspuppe betrachtete.

Am Abend, zu Hause, konnte ich nicht genug berichten von Gustis Puppen. Meine Mutter hörte mir schweigend zu, widersprach auch nicht, als ich meinen Wunsch äusserte, mit Gusti nach Goldlauter zu fahren.

Ich kam nie nach Goldlauter. Es gab immer Gründe. Ich bekam Gustis Puppen in der Apfelkammer nie zu sehen. Wir gingen weiter zusammen in die Schule, sassen in derselben Bank, spielten miteinander. Dann wurden wir getrennt. Ich verliess Regensburg, wir verloren uns aus den Augen.

Viele, viele Jahre später schrieb ich ein Buch über ein Schiff. Ich nannte es «*Das Zauberschiff*». Es war die *Kronprinzessin Cecilie,* und dabei stiess ich auf das Bild der Schutzpatronin des Schiffes, eine Fotografie der Kronprinzessin Cecilie...

Eine Dame in einem weissen Sommerkleid in einem Park, die sich leicht auf einen Sonnenschirm stützt. Gustis Lieblingspuppe!

Nun erst verstand ich. Gusti hatte an jenem

Tag die Puppen für mich erfunden! Wie gut sie mich kannte! Wie gut sie wusste, dass ich bereit war, ihr zu glauben. Und eigentlich, wenn ich mich prüfe, glaube ich ihr heute noch, glaube, dass es Goldlauter, die Apfelkammer, Gustis Puppen gegeben hat – nur: ich bin eben nie hingekommen.

Hans Herlin

Nun, wir sind solche Narren

Der Bahnhof an der Brücke Saint Cloud in Paris, der aufgelassen worden ist, wird zur Vermietung angeboten. Nur Narren, so sagt man, werden dieses heruntergekommene, armselige Gebäude, dessen graue Fassade vor Feuchtigkeit abbröckelt, kaufen. – Nun, wir, Monsieur Baptiste und ich, sind solche Narren!
Wir belassen den Bahnhof, wie er ist; nichts wird verändert. Zwar sind hinter der Sperre nur ein paar Meter stumpfer, rostender Schienenstränge liegengeblieben, deren abgeschweisste Enden steil in die Höhe ragen; aber die Anschläge, Plakate und Pläne bleiben an den Wänden der Halle, und die Schalter werden geöffnet sein. Wir haben, unter anderem, einen grossen Posten alter Fahrkarten mit übernommen. Männer in Zivil geben ohne Bezahlung die Fahrkarten aus.
Das hatte sich sehr bald herumgesprochen.

Die Eingangshalle füllte sich wieder; ununterbrochen kamen und gingen Menschen. Die meisten ohne Gepäck und in ihren Alltagskleidern. Dennoch unterschieden sie sich wenig von den früheren Reisenden. In ihren Augen spiegelte sich die Erwartung, und sie eilten durch die Halle, als wären sie in Sorge, ihren Zug zu versäumen. Sie drängten an den Auskunftsschalter, hinter dem Monsieur Baptiste selber sass und in einem zerfetzten Kursbuch blätterte. Er kannte sich darin nicht recht aus und hatte grosse Mühe, die betreffenden Seiten zu finden. Ernsthaft und hilfsbereit war er mit Eifer bei seiner Sache. Schwitzend, die Zunge zwischen den Lippen, fuhr er mit dem Zeigefinger die Zahlenreihen entlang, bis er die richtige Auskunft gefunden hatte. Gewiss, die richtige Auskunft; obwohl dieser Zug Saint-Cloud nie verlassen würde.

Dann lösen sie ihre Karten: «Einmal Auxerre und zurück, bitte!», und warten geduldig, bis ihnen der Mann die Kärtchen reicht. Der freilich benahm sich noch recht ungeschickt; so konnte es geschehen, dass er ihnen eine falsche gab. Die Reisenden achteten nicht darauf, sondern gingen in den Wartesaal, das braune Stückchen Pappe überglücklich in den Händen haltend, als bedeutete es die Erfüllung eines langersehnten Wunsches.

Dort sitzen sie dann bei einem Glas billigen Weins oder einer Tasse bitteren, schwarzen Cafés; blicken zu den Fenstern und sehen die Schiene aufragen. Im Nebel scheint sie unendlich und führt über die Häuser der Stadt hinweg steil in den Himmel.

«Mein Zug geht nach Limoges», erzählt die Frau mit dem Kopftuch nahe beim Ofen, und ihr Nachbar hört ihr zu, wie jeder hier dem anderen zuhört: den Blick auf den sprechenden Mund gerichtet, aufmerksam:

«Sie müssen wissen, Jean lebt dort», sagt sie.

«Jean lebt in Limoges!»

«Sie kennen meinen Sohn?»

«Wissen Sie, ich wollte immer schon zu ihm fahren», die Frau macht eine Geste, als bitte sie um Verzeihung, dass ihr das Geld dazu gefehlt habe. Dann zeigt sie ihre Fahrkarte und meint: «Aber jetzt werde ich ihn sehen.»

Am Fenster ein junges Paar: eng beieinander, Wange an Wange, als sässen sie in einem fahrenden Zug.

«In Les Sables werden wir ein Boot mieten», sagt der junge Mann.

«Ja, wir werden aufs Meer rudern, bis wir das Land nicht mehr sehen. Und wir werden allein sein; endlich allein!»

«Ich werde rudern», sagt er.

«Ich will dir helfen.».

«Du sollst mir nicht helfen.» Er nimmt ihre Hände und küsst sie.

«Aber es wird schneller gehen!» sagt sie und lächelt.

«Dann sollst du mir helfen.»

«Ich konnte in Flers nie leben», verrät ein Greis sein Geheimnis. Er hält eine Pappschachtel auf dem Schoss und teilt sich dem Jungen mit, der eine grellbunte Ansichtskarte vor sich auf dem Tisch liegen hat, von der er keinen Blick wendet.

«Ich konnte in Flers nie atmen, aber jetzt, da ich sterbe, will ich dort begraben sein. Seltsam, nicht? – Gleich hinter dem letzten Haus im Dorf liegt ein kleiner Hügel, dort...» er hält inne: der Lautsprecher knackt und eine Stimme, meine Stimme, denn ich bediene die Anlage, sagt, dass der Zug nach Flers in wenigen Minuten abfahre.

«Ich muss jetzt gehen», sagt der Greis. Dann erhebt er sich schnell, als schäme er sich, einen Augenblick gezögert zu haben. Die Schachtel in der rechten Hand, geht er, ein wenig unsicher, aber mit erhobenem Kopf, dem Ausgang zu.

«Gute Reise!» ruft man ihm von den Tischen nach, und einige winken; als hätte er keine Zeit zu versäumen, nickt der Alte nur stumm. Dann schwingt die Türe hinter ihm in den Angeln.

So kommen sie. Tag für Tag, Nacht um Nacht. Aus staubigen Lagerhallen, engen, lichtlosen Büros; aus Werkstätten in feuchten Kellern, aus allen Gassen, Winkeln und Höfen dieser Stadt. Bleiche schmale Angestellte, Putzfrauen, Zeichnerinnen und Rentner; Frauen, Männer, Greise und Kinder. Und alle kennen die Sehnsucht! Sie warten und lauschen versunken einer Stimme, die jemand gehört, den sie nicht sehen und nie kennen werden. Einen Augenblick sind sie von ihr ganz ausgefüllt.

So dachten wir uns das; Monsieur Baptiste und ich. Aber – welcher Narr hat schon Geld! Und gar so viel, den Bahnhof an der Brücke

Saint-Cloud zu kaufen. Dennoch sind wir, wie alle Narren, voll Zuversicht.

Ich, zum Beispiel, werde nie aufhören, zu den Menschen zu sprechen!

Mutter, werde ich sagen, du wirst deinen Sohn wiedersehen. Eines Tages wirst du ihn finden, oder er wird zu dir zurückfinden.

Und ihr: ihr werdet das Meer sehen und allein sein.

Und du: sei getrost, du wirst auf der Erde sterben, auf der du geboren bist.

Immer wieder werden sie kommen: stumm, mahnend, fragend. Und wenn ich ihnen auch nur immer das gleiche sagen kann, was sehr wenig ist, so werde ich doch nie aufhören, das wenige zu sagen. Sie werden nicht erlöst sein, aber getröstet. Und sie werden ruhiger in die grosse Stadt zurückkehren, als wären Worte gleich Wegweiser.

Wollen wir uns einmal am Bahnhof an der Brücke Saint-Cloud treffen? Morgen? Wir, Monsieur Baptiste und ich, werden dort sein.

Hans Herlin

Roi d'Ys

Fünf Meilen westlich der Pointe du Raz, an der Küste der Bretagne, liegt die Insel «Sein». Eine flache, leere Insel mit ein paar hundert Einwohnern und dem Leuchtturm.
　Insel der Einsamkeit. So wird sie genannt.
　Das Postboot ging nur alle vier Wochen nach der Insel, aber die Fischer von Audierne besassen seetüchtige, schwere Fischkutter und Ruderboote. Doch als Charles sie fragte, sagten sie geradeheraus:
　«Nein, wir wollen nicht auf die verdammte Insel.»
　Am Hafen fand Charles einen Mann. Der hiess Baptiste, sass den ganzen Tag am Wasser und starrte auf das Meer, als erwarte er ein Schiff.
　Ein eigenes Boot besass Baptiste nicht. Er besass nichts als seinen Namen, die Kleider, die er trug, und ein hölzernes Bein. Er versuchte, es zu verbergen, und sprach vom Meer und den Boo-

ten. Über beide schimpfte er; so zornig, als seien es Menschen, die ihm ein Leid getan. Sonst sass er da und träumte.

«Wenn Sie ein Boot haben, bringe ich Sie auf die Insel», sagte er und seine Augen leuchteten. «Nur ein Boot», wünschte er, «dann rudere ich Sie über alle Meere.»

Nein, Geld wolle er nicht. Nur rudern, rudern müsse er ihn schon lassen.

Die Fischer mochten Baptiste nicht. Erst als Charles den vollen Preis hinterlegte, liehen sie ihm ein Boot.

Baptiste kam mit einem Sack Proviant, als dauere die Fahrt Tage. Er warf ihn ins Boot mit einem Knäuel Netz, das er unter der Jacke verborgen gehalten hatte. Er lachte und humpelte um das Boot und fuhr mit der flachen Hand über die hölzernen Planken. Dann zogen sie den Kahn gemeinsam ins Wasser und Baptiste nahm die Ruder.

Er ruderte mit weiten, festen Schlägen. Man sah, dass die Kraft aus seinem Bein in den Armen sass. Er stemmte das hölzerne Bein gegen die Leisten am Boden, dass das Leder an seinen Hüften knarrte. Die Hände umspannten die Ruder.

Schon nach kurzer Zeit wurde er müde. Er liess die Ruder ins Wasser sinken und blickte nach den Barken mit den braunen, ledernen Segeln, die vor der Küste lagen.

«Mein Vater wollte mir einmal ein Boot schenken», sagte er unvermittelt und zog die Ruder ein, «aber es reichte nur dazu.» Er deutete auf sein Bein und lachte bitter.

Charles versuchte etwas zu sagen, aber Baptiste unterbrach ihn.

«Mitleid brauche ich nicht», sagte er. «Nur die Kinder sind ehrlich. Sie laufen hinter mir drein, spotten und lachen mich aus.» Er neigte sich vor. «Und mein Vater? Er denkt nicht einmal an mich! Er weiss nicht, wie einsam das macht. Vielleicht ahnt er nicht einmal, dass ich ihn hasse.»

«Baptiste», Charles stiess ihn an, «Baptiste, rudern Sie weiter.»

Baptiste hob den Kopf und blickte ihn verwundert an.

«Wenn ich Sie jetzt aufs offene Meer rudern würde», sagte er, «gehörte dies Boot mir!»

«Sie kämen nicht weit», meinte Charles.

«Nein, nicht weit», wiederholte Baptiste,

«aber weit genug, um nie mehr allein sein zu müssen.» Er wurde fast hilflos still und streckte die offene Hand aus; mit der Geste eines Bettelnden, als erwarte er vom Meer das Stückchen Brot, nach dem ihn hungerte.

Charles versuchte die Ruder zu nehmen, aber Baptiste kam ihm zuvor. Er hob das linke Ruder über das Wasser und zeigte damit auf die Insel, deren Leuchtturm undeutlich zu erkennen war.

«Wissen Sie, was man von der Insel sagt?» fragte er. «Sie sagen: 'Wer ‹Sein› sieht, sieht sein Ende!'»

«Ein Sprichwort», meinte Charles leichthin, «wer fürchtet sich schon davor? Los, Baptiste, rudern Sie weiter!»

«Dann rudern wir ja richtig», spottete Baptiste, «dann rudern wir ja gerade richtig», und er schlug die Ruderblätter klatschend ins Wasser.

Baptiste hatte nur abwesend genickt, als Charles sich verabschiedete und ihn ermahnte, das Boot zurückzugeben. Baptiste stiess sich mit dem Ruder ab und hatte es eilig fortzukommen.

Charles begegnete niemandem, als er die Stufen zur Kaimauer hinaufstieg. Die niedrigen, eckigen Häuser standen starr und leblos wie Dekorationen auf der anderen Seite des Kais. Er ging durch die Gassen über das vom Nebel feuchte Pflaster.

Ein Greis sass zusammengesunken in seinem Korbstuhl. Charles fragte ihn nach dem Weg, aber der Alte hörte nicht. Eine Frau trat aus der Haustüre. Sie putzte sich die Hände an der Schürze ab.

«Gehen Sie zu der Momsen», sagte sie unfreundlich, «die vermietet Zimmer.»

Er bekam einen kleinen, kahlen Raum über dem einzigen Laden im Dorf. Das ganze Haus roch mehlig und süss, wie nach Johannisbrot. Niemand kümmerte sich um ihn. Fremde kamen nur selten auf die Insel. Vielleicht hatten sie geglaubt, er sei aus dem Meer getaucht. So wenigstens sahen sie ihn an.

Auch die Frau, Frau Momsen, sprach wenig mit ihm; ein paar Worte, und einige Male ging er mit ihr in den Garten.

Jeder auf der Insel war stolz auf seinen Garten. Sie sprachen alle davon, was sie anpflanzen würden, aber das hatten sie noch jedes Jahr gesagt. Und dann war doch nichts weiter geschehen, als dass sie die Steine auflasen und um die Gärten schichteten. Mit jedem Jahr wurden die Mauern höher, in den Gärten aber ernteten sie nur Steine.

Im Februar waren die Männer der Insel, wie jedes Jahr, an Land gegangen und auf die Dreimaster geheuert, die nach Grönland zum Stockfischfang ausliefen. Sie würden lange ausbleiben, bis zum Herbst. Einige vielleicht länger, und manche kamen nie zurück. Sie wurden in ein weisses Tuch gewickelt, oder der Sturm holte sie über Bord.

So sah man auf der Insel nur alte Männer, Frauen und Kinder. Die Alten sassen vor ihren Häusern in Korbstühlen und schnitzten Löffel oder Holzschuhe. Wenn sie überhaupt sprachen, sprachen sie vom Meer. Jeder sagte das gleiche und jeder glich auch dem andern. Sie waren alle der Insel ähnlich wie Kinder ihren Eltern. Die Hand eines Greises glich dem Stein in den Gärten, und der Wind, das Meer, die Sonne und die stürmische Nacht waren ihnen ins Gesicht und in ihre Herzen gedrungen.

Die Frauen aus dem Dorf sassen an den Nachmittagen hinter der Kaimauer und klöppelten Netze bis in den späten Abend hinein. Sie sassen dort nahe beisammen, die Netze auf dem Schoss, dass es schien, als klöppelten sie an einem einzigen Netz: dem Netz der Einsamkeit.

Ihre roten, zerstochenen Hände waren in unermüdlicher Bewegung. Sie hielten ihre Köpfe gesenkt, aber je weiter es dem Herbst zuging, um so höher hoben sich ihre Augen. Heute sahen sie noch auf die Fussspitzen, morgen schon auf das grobe Steinpflaster, nun auf die Kaimauer und dann aufs Meer. Die Bewegungen der Hände wurden müder, während die Augen der Frauen immer ruheloser wurden. Zuletzt lagen die Hände unter den Netzen verborgen und rührten sich nicht mehr; wie Fische, die müde geworden waren, sich noch länger zu wehren. Nur die Augen der Frauen starrten unermüdlich auf das Meer und suchten hinter dem Horizont nach den Segeln der Dreimaster.

Die Kinder waren sich selbst überlassen; sie spielten am Strand oder liefen barfuss hinunter zwischen die Klippen und fischten mit den Händen nach Krabben und Muscheln. Die Kleineren, auf die die Älteren acht geben sollten, setzten sie einfach in den Sand und kümmerten sich nicht mehr um sie.

Einmal begleiteten ein paar Buben Charles den Strand hinunter. Doch als er eine Hütte entdeckte, die bewohnt zu sein schien, wollten sie keinen Schritt weiter. Sie sträubten sich, und zuerst glaubte er, sie fürchteten den Hund, der vor der Hütte in der Sonne gelegen hatte und aufsprang, als er nun allein näher trat.

Die Tür der Hütte hing lose in den Angeln. Charles klopfte, und als niemand antwortete, stiess er die Türe auf und trat ein. Ein alter Mann lag in dem Bett, das die ganze Seitenwand einnahm. Ein Kranz kurzer, weisser Haare, drahtig wie Metall, umrahmte sein mächtiges Haupt. Die rechte, grobe und schwere Hand hing aus dem Bett. Der Alte schlief.

Das Licht, das auf den Schlafenden fiel, machte ihn unruhig. Er warf sich auf die andere Seite und öffnete halb die Lider, ohne richtig zu erwachen. Er sprach bettelnd und kaum vernehmbar vor sich hin; dann jammerte er wie ein

Kind. Der Hund schlich wimmernd um sein Bett.

«Wie weit sind sie mit dem Netz?» fragte der Alte unvermittelt und richtete sich mühsam auf.

«Die Frauen sind fleissig», antwortete Charles überrascht.

«Baptiste geht damit auf Fang aus», murmelte der Alte zwischen Lippen, die lächelten wie Tote lächeln, und fiel zurück auf sein Lager.

Charles schüttelte den Kopf. Er wusste mit den Worten des Alten nichts anzufangen. Er dachte an den Mann, der ihn auf die Insel gerudert und der auch Baptiste geheissen hatte.

Als er die Kinder ausfragte, wollten sie nicht antworten. Er lachte sie aus, als sie dann doch erzählten, in der Hütte wohne der Roi d'Ys. Sie aber blieben ernst und wiederholten den Namen; ein wenig spöttisch und scheu.

Auch Frau Momsen schien erschrocken.

Ja, das stimme schon, dort lebe ein Mann, gab sie wortkarg und widerstrebend zur Antwort, aber er gehöre nicht zu ihnen!

Nein, seit Monaten sei der Alte nicht mehr im

Dorf gewesen. Er komme nur, um Proviant zu holen; einen Sack Buchweizenmehl, etwas Öl und Tabak vielleicht. Er komme nicht oft. Vielleicht dreimal im Jahr. Aber selbst das sei ihr zuviel.

Und das mit seinem Namen stimme!

Wie so ein Name eben entstehe, meinte sie. Jemand sage ihn zum Spass, ein Kind vielleicht, und die anderen sprächen es dann nach. – Aber es sei nicht gut, von ihm zu reden. Der Alte bringe kein Glück. Ob er denn nicht gemerkt hätte? Der Alte sei irr. Seit jenem Unglück sei es nicht mehr ganz richtig mit ihm.

Seit jenem Unglück?

Die Frau ärgerte sich, davon angefangen zu haben. Sie hob abwehrend die Hände, als müsse sie sich vor jemanden schützen. Sie veränderte sich seltsam: sie bekam ein zweites Gesicht, das unter dem anderen verborgen gewesen war, und in dem Gesicht war viel Schrecken.

«Der Alte war damals Wächter auf dem Leuchtturm», erfuhr Charles schliesslich, «bis in einer Nacht das Licht versagte. Gerade in der Nacht, als das Schiff vom Stockfischfang zurückkam. Es war stürmisch, und ohne das Licht lief das Schiff auf ein Riff und viele ertranken. – Seitdem lebt er dort draussen in seiner Hütte und niemand versteht mehr, was er sagt.»

«Er hat früher in diesem Dorf gelebt?» fragte Charles.

«Wie? Doch, ja. In diesem Dorf, früher», nickte Frau Momsen, «vor jenem Unglück», und sie strich sich mit den Fingern, die an den Knöcheln knotig vor Gicht waren, durch das weisse Haar. Sie lächelte wieder ihr verheimlichendes Lächeln. Charles bat vergeblich, mehr zu berichten. Sie blieb stumm.

Noch am gleichen Abend ging Charles zu der Hütte des alten Leuchtturmwächters. Licht brannte und Charles wartete, bis der Roi d'Ys gebeugt aus seiner Hütte trat und zum Strand hinunterschlappte. Der Hund folgte ihm.

Sie setzten sich nahe ans Wasser, und Charles grüsste und setzte sich zu ihnen. Der Alte achtete nicht darauf. Er griff mit der linken Hand den Nacken des Hundes und drückte ihn auf den Boden. So hockten sie schweigend nebeneinander.

Vor ihnen flogen Vögel auf, strichen über das öligschwere Wasser und trieben schreiend zu einem Riff, das aus der See ragte. Der Hund schreckte aus seinem Schlaf auf und heulte. Beruhigend fuhr ihm der Alte durch das Fell, dann neigte er den Kopf vor und horchte.

Er zeigte in die Dunkelheit auf das Meer. Charles versuchte vergeblich, etwas zu erkennen. Nur das Licht des Leuchtturmes strich über das Wasser.

«Gestern nacht sah ich ein Boot», flüsterte der Roi d'Ys und seine Stimme zitterte, als rüttle ihn jemand an der Schulter. «Ganz deutlich sah ich ein Boot auf dem Meer – und Baptiste, Baptiste ruderte es!»

Charles versuchte, ihm seine Gedanken auszureden. Der Roi d'Ys lächelte nur.

«Ich kenne Baptiste», sagte er. «Baptiste ist nicht Jean. Er hat mir verziehen – aber Baptiste, wie kann ich wissen, was mit ihm ist?»

Er wurde ruhiger und erhob sich.

«Nachts», sagte er, «nachts hörte ich bisweilen seine Stimme, aber nie konnte ich ihm antworten. Manchmal, im Dunkeln, streckte sich mir seine Hand entgegen, aber nie konnte ich sie ergreifen. Vielleicht weiss Baptiste nicht einmal, dass ich ihn liebe!»

Sie liefen jetzt den Strand hinunter; ein weites Stück und dann blieben sie stehen; Charles erkannte die Umrisse des Leuchtturmes.

«Dort oben», deutete der Roi d'Ys auf den Turm, dessen Licht unaufhörlich über das Meer strich, «dort oben bin ich viele Nächte auf der Brüstung gestanden. Und wir – ich weiss, da war eine Frau, aber ich kann mich nicht mehr an sie erinnern –, wir sahen dem Licht nach, das den anderen den Weg in der Finsternis weist! In solchen Nächten lernt man viel.»

Langsam rondierte das Licht; zerschnitt die Nacht, verschwand und tauchte wieder auf.

«Dort oben gibt es Augenblicke», sagte er, «da fällt das Licht in...»

Charles musste ihn stützen. Er glaubte schon, der Alte sei wieder in seine Dunkelheit zurückgeglitten, da sagte der noch einmal:

«Dort lernt man das Licht hüten und vergisst es. Hörst du? Vergisst es nur einmal, nur ein einziges Mal.» Er sah auf.

«Sprich nicht weiter», bat Charles.

«Ich muss es dir sagen», stammelte der Alte

und blickte Charles offen an, «hörst du, ich muss es dir sagen. Wenn man dir vertraut, das Licht zu hüten, dass den anderen den Weg in der Finsternis zeigt, vergiss es nicht! Hörst du! Vergiss es nicht ein einziges Mal!»

Er schwieg, und sie standen in der Dunkelheit und nur das Licht des Leuchtturmes erhellte die Nacht.

Frau Momsen war noch auf und wartete. Als Charles erzählte, wurde sie fahl.

«Er will nicht sterben», sagte sie, «ich wünschte, er würde endlich sterben, dass ich seinen Namen vergessen kann.»

Charles war so erschrocken, dass er eine Entschuldigung stammelte.

«Schon gut», sagte sie, «manchmal ist es, als sei es gestern geschehen. Das sind nicht Sie. Das ist das Meer, die Insel oder der Sturm. Es ist heute oder lange her, dass sie ertranken.»

«Wer ertrank?»

«Wer? besann sich die Frau. «Viele ertranken, und unter den vielen seine Söhne».

«Die Söhne des Leuchtturmwächters?»

«Ja, seine Söhne. Sie waren das ganze Jahr

fortgewesen. Endlich kamen sie zurück. Nicht bis in den Hafen.»

«Was geschah?» drängte Charles.

«Was geschah eigentlich», sagte sie. «Der Alte war damals Wächter auf dem Leuchtturm. Er war ein guter Leuchtturmwächter; wachsam und zuverlässig und er... aber das wissen Sie ja.

Niemand weiss, warum in jener Nacht, als seine Söhne mit dem Schiff zurückkamen, das Licht versagte. Es war stürmisch, und ohne das Licht lief das Schiff auf ein Riff und viele ertranken. Auch sein Sohn. Der andere wurde gerettet, aber er verlor ein Bein...»

«Sie kannten seine Söhne?»

«Wie? Ja. Der eine hiess Jean», sagte Frau Momsen, «Jean ertrank. Der andere hiess Baptiste. Er verlor ein Bein und verliess für immer die Insel.»

«Sie hatten schöne Namen, nicht?» fragte sie dann und plötzlich war ihr Gesicht trotz allen Leids verklärt durch einen Ausdruck von Liebe.

«Es waren unsere Söhne», sagte sie. «Der Alte lebte früher in diesem Dorf, müssen Sie wissen. In diesem Haus. Er war mein Mann. Momsen ist sein Name. Baptiste Momsen! Baptiste, wie sein Sohn. Nur die Kinder nennen ihn den Roi d'Ys.»

Gegen Morgen heulte der Hund vor dem Dorf. Jemand kam ins Haus und klopfte Frau Momsen aus dem Schlaf. Sie schickte ihn zu Charles. Als er das Haus verliess, sah er ihr Gesicht hinter den Scheiben; flach an das Glas gedrückt, neugierig und ängstlich wie ein Kind.

Es war noch nicht ganz hell, doch musste es bald Tag werden; denn das Licht des Leuchtturmes war bereits erloschen. Charles folgte dem Hund, der um seine Füsse strich. Der Mann, der sie geweckt hatte, hatte sich ohne ein Wort davongemacht.

Etwas trieb ihn, schneller zu laufen, als müsse er jemand zu Hilfe eilen. Da sah er auch jemand aus der Hütte des alten Leuchtturmwächters kommen und den Strand hinunterhasten. Er erkannte ihn sofort; es war Baptiste, der ihn auf die Insel gerudert hatte. Die Gestalt humpelte dem Wasser zu. Einmal schlug sie hin und raffte sich wieder auf.

Er schrie ihm nach, aber Baptiste hörte nicht.

Ehe Charles das Ufer erreichte, trieb das Boot schon auf dem Meer. Er hörte die Ruder ins Wasser klatschen, dann ein Lachen. Ein grelles, spitzes Lachen. Es klang wie das Schreien der Vögel, die von dem Riff aufflogen.

Baptiste Momsen, der Roi d'Ys, aber lag auf dem Bett in seiner Hütte, ein Netz über Gesicht und Schulter. Ein altes Fischernetz mit Stückchen Kork darin, erstickt.
Charles befreite den Alten. Er horchte auf seinen Atem, aber er hörte nur den Wind; den gehetzten Wind und in der Ferne das Meer.
Er suchte sich eine Schüssel, trug Wasser herbei und wusch dem alten Momsen Gesicht und Hände; denn er wusste nicht, was er sonst noch für ihn tun könnte. Dann setzte er sich zu ihm und wartete. Er blickte zur Tür, aber niemand kam. Nur der Hund kam bis zur Schwelle und lief dann wimmernd davon.
Er wartete, dann kam das Licht. Ein heller Strahl drang in den feuchten, dunklen Raum; er kam wie eine Hand in die Hütte und fuhr dem Alten behutsam über die Stirn und das Gesicht,

als wolle es ihm die Lider herunterstreifen. Der alte Leuchtturmwächter lächelte.

Drei Tage darauf brachte ein Boot Charles wieder an Land. Im Hafen erfuhr er, dass Baptiste nie zurückgekommen sei. Die Fischer schimpften über das verlorene Boot.
Weiter nördlich, auf der Höhe von Crozon, fand man in der Woche darauf ein zerschelltes Boot, das die Strömung gegen die Klippen geworfen hatte. Baptiste fand man nicht.

Claudia Storz

Vier Gedichte

Tränen

Ich lese sie zusammen,
meine Perlen im Regen,
und versuche sie im Schälchen zu bergen.
Die Sonne möchte ich vor mir her tragen
und ein helles Licht auf dich werfen,
doch schon haben wir
das Schälchen wieder ausgekippt.
Sieh, Liebster, so wie du hineinwächst
in meine Freude,
so müsstest du sie wegtrinken, die Tränen.

Ich bin der Froschkönig,
kniend vor deinem Bett,
vielleicht werde ich zum Prinzen,
wenn du mich schlägst?

Chamäleon

Meine Umgebung färbt auf mich ab.
Mit meiner langen Zunge
befühle ich meine Gegner,
belecke ich meine Freunde,
ich bleibe atemlos,
die Zunge ist voll,
und ich weiss nicht mehr,
wie ich sie einrollen muss.

Garten

Ich habe Dornen gepflanzt
in mein karges Beet.
Die Dornbüsche wurden gross
und hatten immer Durst.
Ich trug ihnen Wasser zu
und wartete
auf das Feuer im Dornbusch.

Da hat der Wind
einen Samen zugetragen
in mein karges Beet.
Er brauchte kein Wasser und wuchs,
und es erblühte eine blaue Blume.

Gedankenmüll

Wo kann ich meine hochaktiven Gedanken
lagern?
Meine Heimatstadt
lässt leider keine Bohrungen zu.
Sie steht auf durchlässigem Fundament.

Eingiessen soll man die Gedanken
bei hoher Temperatur in Sand?
Ich weiss nicht, ob meine Stadt
mit den Würfeln etwas bauen möchte.
Die Gedanken könnten entfliehen
und sich in den Erbmassen
künftiger Generationen lagern.
Sie würden geboren schon
mit zu grossen Köpfen.

Exportieren soll ich Gedankengut?
Es ist mit Nachtstrom geschweisst
und deshalb nicht kostbar.
Es wird auch bald wieder Nachschub geben,
mein Meiler arbeitet stetig,
und die Not der Lagerung
wird gross.

Ein kleines Leck
verschafft zeitweise Linderung.
Ungesehen und so klein nur,
dass die Produktion noch läuft,
lässt es doch immerwährend
einige Gedanken frei.

Claudia Storz

Möbel

«Und welches Bett soll ich bekommen?» fragte Niklaus, als sie das Haus zum erstenmal mit den Kindern ansahen. «Du darfst dir ein Bett aussuchen», sagte die Mutter; «geh von Zimmer zu Zimmer und such dir ein Bett aus.» Das Haus hatte acht Zimmer, und in allen acht stand dieselbe Möblierung: ein Bett, zwei Stühle, ein Tischchen, ein hässlicher Nachttisch und ein kleiner hoher Schrank. Das Haus hatte dem Spital gehört, und in diesen Zimmern hatten die Krankenschwestern gewohnt. Jetzt war das neue Schwesternhaus weiter unten gebaut, und die Familie hatte das alte Haus kaufen können – die Möblierung hatte übernommen werden müssen. Das erste, was sie machen wollten, war, drei der kleinen Zimmer im Untergeschoss zu einem grossen zusammenzulegen. Niklaus hatte sich ein Bett ausgesucht, es war das allerhöchste, allerällteste, mit Kopf- und Fussladen. «Aber

kannst du denn da überhaupt hinauf?» fragte der Vater. «Ich werde meinen Kinderstuhl anstellen», sagte Niklaus bestimmt, und dabei blieb es. Die Familie ging jetzt von Zimmer zu Zimmer, notierte die vorhandenen Möbel auf und überlegte, was man behalten wollte und in welchem Zimmer. Fazit: Vier Betten, sechs Stühle, sechs Tischlein, sechs Nachttischlein und fünf hohe, schmale Schränke waren übrig und konnten keine Verwendung finden. «Wem werden wir sie geben?» fragte Niklaus, «weisst du denn ein armes Kind, das kein Bett hat?» – «Wir werden sie einem Heim geben, vielleicht einem Kinderheim oder einem Altersheim, wir werden suchen ...» Im Altersheim brächten die Insassen ihre Möbel selbst mit, sagte die freundliche Heimleiterin am Telefon. Der Kinderhort hätte gelbgestrichene Kajütenbetten, alle gleich, und ausserdem blieben nur wenige Kinder über Nacht dort. Niklaus war enttäuscht, die Kinder wollten kein hohes altes Bett von ihm, sie zogen gelbe Kajütenbetten vor. Der Vater schlug das Brockenhaus vor, das könne die Möbel weiterverkaufen und mit dem Geld Gutes tun. Die Stimme am Telefon fragte nach der Art der Betten, sie hätten selbst noch zehn alte Betten mit Fussladen am Lager, neuere Couchs könnten sie nehmen, aber mit den alten Betten müssten sie noch zuwarten, wegen dem Platz. «Wir nehmen gerne die Schränke», sagte die Frau, «die bringen wir gut wieder los.» – «Ich komme mir vor wie ein Hausierer», sagte der Vater, «gibt es denn keine Gastarbeiter oder junge Wohngemeinschaften, die Verwendung finden würden für unsere Möbel?» Er machte ein Inserat. Am Dienstag kam dann ein junger Mann, um einige Stühle und Matratzen abzuholen (sie schliefen auf Matratzen), das Brockenhaus holte die Schränke. Tische, Nachttische, Stühle und Betten blieben. – Man stellte sie in ein Zimmer und fragte, überall wo man war, Freunde und Nachbarn. Niklaus fragte auf dem Spielplatz die Kinder, doch sie hatten alle ein Bett und durften kein neues heimbringen.

Ein Freund hatte dann die Idee mit der Abfuhr. Einmal im Monat war Sperrgutabfuhr, und er hatte beobachtet, dass es viele Leute gab, die am Abend vor der Abfuhr Dinge einsammelten, die sie kostbar oder nützlich fanden. – Niklaus war aufgeregt, als er den Stuhl zuoberst auf den Stapel zu stellen versuchte. Es war ein trockener

Abend. Sie hatten die Bettstellen auseinandergenommen, und trotzdem war der Holzstapel auf dem Trottoir beachtlich. Niklaus nahm seine Position hinter dem Vorhang ein. Es war sechs Uhr, der Strom der von der Arbeit Heimkehrenden war stark, durch diese kleine Strasse kamen besonders die Fahrräder. «Es kommt einer», Niklaus hüpfte auf und ab, «es nimmt einer einen Stuhl aufs Fahrrad.» Der Mann schaute sich immer wieder vergewissernd um, er wollte nichts Unrechtes tun, aber schliesslich standen diese Möbel zur Abfuhr bereit... Er hatte seine Mappe mit einem schwarzen Gummiriemen befestigt, und mit diesem klemmte er den Stuhl quer und fuhr weg. Nach dem Abendessen, beim Einnachten, hörte die Familie, dass auf dem Trottoir gearbeitet wurde. Wie die Heinzelmännchen zu Köln kamen die Leute an. Mit Schnüren band der erste zwei Stühle auf einen Leiterwagen. Dann kamen zwei Italiener, sie berieten ziemlich laut, gingen weg und kamen mit einem Lieferwagen wieder. Sie nahmen Betten und Tische. Niklaus war schon längst in seinem Zimmer. Er war auf den breiten Fenstersims hinaufgeklettert und hatte sich mit Kissen einen

Sitz gemacht. Er presste das Gesicht im Dunkeln an die Scheibe, um nichts vom Treiben draussen zu verpassen. Er hatte gesehen, dass Leute auf Fahrrädern prüfend der Strasse entlanggefahren waren, und er war sicher, dass diese mit Hilfe wiederkommen würden. Der letzte Abtransport war dann sehr funktionell. Ein schwarzer Lastwagen hielt vor dem Haus, und zwei Männer luden blitzschnell Möbel auf. In wenigen Minuten – leise und heimlich – war alles aufgeladen. Sie fuhren weg, und was übrigblieb, war wenig, zwei leicht beschädigte Nachttischlein warteten noch am Zaun bis zur Kehrichtabfuhr am Morgen.

Senioren - Bücherei
Evangelische Kreuzkirchengemeinde
Ludwigstraße 22
5600 Wuppertal 1

Otto Steiger

Mädchen in Blue jeans

Wie der Zufall halt so spielt! So spielte er dem Maler Thomas Schalenbrandt Ruhm, Ehre und viel Geld in die Hand. Aber Zufriedenheit und Glück spielte er ihm nicht in die Hand, da musste schon eine höhere Macht eingreifen.

Vor vier Jahren noch war Schalenbrandt fast unbekannt. Er wohnte in einem möblierten Zimmer an der Dienerstrasse in Zürich. Hin und wieder (keineswegs häufig) kaufte ihm einer der Herren, die in Banken, Versicherungen und chemischen Industrien für die Förderung der Kultur verantwortlich sind, ein Bild ab und liess es im Essaal oder im Durchgang zur Buchhaltungsabteilung aufhängen.

Damals war Schalenbrandt keineswegs glücklich. Ihm fehle, dachte er damals, Geld. Wenn er Geld hätte, dachte er, würde es ihm leichtfallen, glücklich zu sein. Oder wenn vielleicht auch nicht gerade glücklich, so doch glücklicher.

Er malte, je nach dem Wunsch des Auftraggebers, abstrakt oder konkret. Immer zeitgenössisch. Einmal durfte er in einem Saal im Niederdorf einige seiner Bilder ausstellen. Er wusste, es war eine Ehre, aber Erfolg versprach er sich davon nicht. Bei der Numerierung der Bilder unterlief ihm ein Fehler, indem er die Nummern 8 und 17 verwechselte. Nun trug das Ölgemälde, das er «Katarakte im Sommer» genannt hatte, den Titel «Gattin». Das Aquarell Nr. 17, «Gattin», trug nun die Bezeichnung «Katarakte im Sommer». Ein Kritiker schrieb, Schalenbrandt male ohne Zweifel zeitgenössisch, in seinen Frauenporträts jedoch eile er seiner Zeit weit voraus. Besonders verwies der Kritiker auf das Porträt einer Gattin, das in seiner Tiefe kaum auszuschöpfen sei.

Viele Gattinnen kamen, sahen das Bild und wollten sich von Schalenbrandt porträtieren lassen. Er tat es, aber er tat es ohne besondere Freude, er fragte nur «abstrakt oder konkret?» und setzte sich an die Staffelei. Die Gattinnen warfen ihm Blicke zu, während er sie malte, aber er übersah diese Blicke. Er hatte eine Art, die Haare aus der Stirne zu streichen, die die Gattinnen erschaudern und hoffen liess, er sei gewalttätig und unberechenbar.

Nun war Schalenbrandt mit einem Schlag berühmt geworden, das Geld floss ihm reichlich zu, und jetzt erlebte er am eigenen Leib, wie vorteilhaft es ist, dass wir in Zürich aufnahmefähige Banken haben, denen kein Betrag zu gross ist. Zwei volle Jahre lang malte er Gattinnen, nichts als Gattinnen. Er wurde reich dabei. Und vollends trübsinnig. Nachts schlief er kaum mehr. Wenn er die Augen schloss, standen sogleich Gattinnen vor ihm und wollten porträtiert werden. Es war eine schlimme Zeit, und Schalenbrandt, der schon immer ein Zweifler gewesen war, begann nun sogar an seinem Talent, an seiner Berufung zu zweifeln.

Eines Tages jedoch raffte er sich auf, sagte sich, so könne es nicht weitergehen, etwas müsse nun geschehen. Er verliess Zürich und zog nach Paris, wo schon viele berühmte Maler noch berühmter geworden sind. Im Montmartre kaufte er ein Haus und nahm sich vor, sich von nun an ganz und gar seiner Vollendung zu widmen. Er wusste, sein Talent lag in der abstrakten Malerei; er nahm sich vor, nur noch ganz abstrakt zu malen. Verbissen versuchte er immer wieder, das Abstrakte abstrakt zu malen, ja, er war richtig besessen von der Idee, es müsse ihm gelingen, das Abstrakte an sich zu malen. Das Abstrakte ohne Gestalt und Farbe.

Es gelang ihm nicht. Er wurde trauriger und verzweifelter, denn bekanntlich macht Geld noch lange nicht glücklich. Im Juni hatte er das Haus im Montmartre gekauft, und bereits im November war er so niedergeschlagen, dass er eines Nachts ausrief: «Ich schaffe es nicht! Ich mache meinem Leben ein Ende!»

Er trank zwei Flaschen Pommard 1964, dann machte er sich, ein wenig schwankend zwar, aber fest entschlossen, auf den Weg hinunter zur Seine, um sich dort etwas anzutun. Es war Mitte November, kurz nach vier Uhr früh, die Strassen menschenleer. Schalenbrandt fröstelte, und bei dem Gedanken an den kalten Strom wurde ihm auch nicht wärmer. Aber er sagte sich, er sei nun mal zum Äussersten entschlossen, nichts könne ihn abhalten. Da müsste schon ein Wunder geschehen, um ihn abzuhalten, da müsste ihm schon ein Engel erscheinen. Aber da er (wie gesagt) ein Zweifler war, wagte er nicht an den

Engel zu glauben, obgleich er keineswegs dagegen gewesen wäre. Nicht bei dieser Kälte.

Über der Seine lag leichter Nebel, es war hier ebenso kalt wie in Montmartre, aber windiger. Schalenbrandt fragte sich, ob er seinen Entschluss nicht ein bisschen voreilig gefasst habe, aber er schritt doch mutig auf die Brücke zu. Da sah er im Nebel die zerlumpte Gestalt. Ein alter Mann war es mit Stoppelbart und tiefliegenden Augen, so ein Mann, wie sie einem in Grossstädten begegnen können, man drückt ihnen zwei Francs in die Hand und denkt im Weitergehen: Was kann ich denn dafür?

Genau so ein Mann also kam jetzt auf Schalenbrandt zu. Dieser dachte zuerst nicht daran, es könnte sich um einen Engel handeln, obgleich er aus vielen Geschichten wusste, dass Engel gelegentlich alle möglichen Gestalten annehmen. Der Mann fragte: «Haben Sie vielleicht eine Zigarette für mich?»

Wie höflich der fragt, dachte Schalenbrandt, der hat eine gute Erziehung genossen. Er sah den Mann genauer an und bemerkte nun doch das heimliche Leuchten in seinen Augen. Er war zu jedem Gespräch bereit, wenn es nur lange dauerte, denn die Seine mit ihrem Nebelband lud zu nichts ein. Schon gar nicht zu einem Sprung von der Brücke. Schalenbrandt erwiderte, leider rauche er nicht, aber weiter oben habe er einen Automaten gesehen, wenn der Herr die paar Schritte mit ihm gehen möge, wäre es ihm ein Vergnügen, dort Zigaretten zu kaufen.

Der alte Mann nickte, lächelte und war einverstanden. Sie gingen den Weg zurück, Schalenbrandt wurde es auf einmal ganz leicht ums Herz, und je weiter weg sie vom Strom kamen, desto sicherer war er, dass sein Begleiter ein verkleideter Engel sein müsse. Dieser begann ungezwungen zu reden, erzählte aus seinem Leben, wie es jetzt unter den Brücken der Seine viel zugiger sei als im Sommer. Zudem habe er Hunger.

Schalenbrandt war nun vollends überzeugt. So echt und ohne Fehler konnte nur ein Engel die Rolle eines hungernden Vagabunden spielen. Er sagte, in der Nähe der Place Pigalle habe er ein Haus, wenn der Herr ihm die Ehre erweisen möge würde er ihm dort gerne etwas Warmes vorsetzen. Auch dazu war der Engel bereit. Sie gingen nebeneinander den langen Weg zum

Montmartre hinauf. Zu Hause liess sich der Gast in einen Fauteuil fallen, streckte die Füsse aus und wartete auf den Wein, den Schalenbrandt versprochen hatte.

Sie tranken wieder zwei Flaschen Pommard 1964, der Engel ass auch den Rest des Huhns, gab sich indessen – und das nahm Schalenbrandt für ihn ein – sehr zurückhaltend, sprach nicht ein Wort von den Selbstmordabsichten seines Gastgebers, kam vielmehr nochmals darauf zurück, dass es unter den Brücken jetzt einfach zu kalt sei.

Nach der zweiten Flasche Pommard, nachdem der Engel den Rest des Huhns und alle Pommes chips aufgegessen hatte, hielt Schalenbrandt das Versteckspiel nicht mehr aus, brach in Tränen aus, warf sich dem Engel an den Hals und rief: «Ich weiss, wer du bist. Sag nichts, ich weiss es!»

Der Engel sagte nichts, leckte die Fingerspitzen ab, zündete eine Zigarette an. Schalenbrandt hatte sich wieder gefasst. Er sagte, von ihm jedenfalls werde niemand etwas erfahren, das dürfe er dem Herrn versprechen, und ob dieser nicht ein paar Tage bei ihm bleiben möchte. Der Engel, bequem in seinem Fauteuil, sagte zu, und Schalenbrandt, von innerem Feuer gedrängt, beichtete dem Engel nun sein ganzes Leben, beichtete insbesondere, dass er die Absicht gehabt habe, sich das Leben zu nehmen.

«Weshalb?» fragte der Engel.

«Weil es mir nicht gelingt, das Abstrakte abstrakt zu malen.»

Der Engel deutete auf ein Bild, fragte: «Ist das von dir?»

«Jawohl.»

«Gefällt mir nicht», sagte der Engel.

«Mir auch nicht», rief Schalenbrandt.

«Du musst anders malen», sagte der Engel. «Weisst du, welche Bilder ich am liebsten habe? – Mädchen in Blue jeans. Kannst du Mädchen in Blue jeans malen?»

So fand Schalenbrandt in jener Nacht sein Glück, seine Lebensaufgabe. Er begann gleich am nächsten Morgen, und seither hat er nie mehr aufgehört, Mädchen in Blue jeans zu malen. Es sind nun seit jener Novembernacht acht Monate verstrichen. Der Engel ist bei Schalenbrandt geblieben. Er kauft das Essen ein, macht die Betten, kocht. Schalenbrandt hat ihm natürlich gestanden, dass er ihn trotz seiner Verkleidung durchschaut hat, aber es hat dem Engel nichts ausgemacht. Schalenbrandt ist zum erstenmal in seinem Leben wirklich glücklich. Und zufrieden. Er hat nun bereits über hundert Mädchen in Blue jeans gemalt. Sie stehen und hängen in einem grossen Raum im Obergeschoss seines Hauses.

Schalenbrandt verbringt ganze Tage bei seinen Mädchen. Er ist verliebt in sie, in jedes einzelne. Er spricht mit ihnen, lacht mit ihnen, sie antworten ihm, necken ihn manchmal, und oft kann es dann geschehen, dass er das eine oder andere Mädchen von der Wand nimmt, es umarmt und küsst. So verliebt ist er. (Selbstverständlich malt er nur Mädchen in Blue jeans zwischen fünfzehn und achtzehn Jahren, jüngere nicht. Er weiss, was sich gehört.)

Hin und wieder, wenn Schalenbrandt an der Arbeit ist, schleicht der Engel ins oberste Stockwerk, hängt eines der Bilder ab und geht mit ihm unter dem Arm zur nahen Place du Tertre, wo viele Maler vor ihren Bildern stehen, die Palette in der Linken, den Pinsel in der Rechten. Dort stellt er das Bild auf den Boden, und lange braucht er nicht zu warten, dann kommt ein amerikanischer Tourist mit seiner Frau, bleibt stehen und ruft: «Oh, what a lovely girl!» und zahlt dem Engel gern 500 Francs dafür.

So kann der Engel seinen Monatslohn verdoppeln, und das zeigt, dass er sich bei uns auf der Erde gut eingelebt hat.

Senioren - Bücherei
Evangelische Kreuzkirchengemeinde
Ludwigstraße 22
5600 Wuppertal 1

Hans Guggenbühl

Zwei Gedichte

Russische Ostern

Ostern! Lasst die Tauben fliegen,
Altes Russland, neue Hut,
Bruderkuss wird nie versiegen,
Lammfleisch tröpfelt Opferblut.

Dort ein Hirt führt seine Herde,
Wollenweib und Wollenbock,
Birkenlaub schmückt rings die Erde,
Und der Hirte hebt den Stock.

Welch ein Antlitz, welche Mähne!
Unter dem Kapuzenschild
Stiert das Auge der Hyäne,
Schwarz und gelb ist Satans Bild.

Weiter wallt es über Hügel,
Wollenleiber, Wogenspiel,
Drüber kreisen weisse Flügel,
Hundert Flügel und *ein Ziel.*

Russenpüppchen

Russenpüppchen mit dem Blumenkleide,
Sag, was birgt dein fraulich Eingeweide,
Was verschweigst du?

Still! Ein Püppchen trag ich, Kind und
Weibchen,
Dieses noch eins, weiter blühn die Leibchen,
Viele sind wir.

Aber sag, was soll ich davon halten,
Du allein schleppst all die Kindsgestalten,
Wirst nicht müde?

Niemals, niemals! Das ist Russlands Grösse,
Schweig jetzt, Fremder, gib dir keine Blösse –
Bin nur Püppchen.

Hans Guggenbühl

Der Dichter

Der Dichter Alexander Uninskij, heute weltberühmt durch seinen Roman «Die verlorenen Söhne», in dem er den Ärmsten und Verlassensten seines Volkes ein leuchtendes Denkmal gesetzt hat, zu Beginn dieser Geschichte aber erst ein im engsten Freundeskreis anerkannter Lyriker, schrieb einst ein Gedicht. Er brachte es auf die Redaktion einer grossen Moskauer Zeitung, die Redaktion gab es dem Zensor, und dieser rief den jungen Dichter zu sich.

«Sie haben ein Gedicht geschrieben», sagte der Zensor, und Uninskij bejahte diese an sich nicht eben geistvolle Frage, die aber doch dem Zensor irgendwie Spass zu machen schien, und jedenfalls lieferte sie ihm die erwartete Antwort. Er nickte ganz befriedigt. Übrigens machte er gar keinen unfreundlichen Eindruck, wie er da hinter seinem breiten Schreibtisch sass, dicke Brillengläser vor den Augen, und immerzu lächelte.

«Also ja», sagte er, «wirklich!»
«Ja», sagte Uninskij.
Nun schien sich der Zensor einen Gedankenschritt vorwärtszutasten. «Es ist ein interessantes Gedicht», meinte er, «zweifellos, man könnte es sogar als gut bezeichnen, bis auf die eine Stelle.»
Uninskij horchte auf.
«Bis auf die eine Stelle», wiederholte der Zensor und legte seinen spitzen Finger unter eine Zeile des mit weit ausholenden Schriftzügen bedeckten Blattes. «Hier, lesen Sie selber!»
Uninskij las: «Und ist das Reich des Herrschers dunkler Nacht vergleichbar.»
Einen Augenblick zögerte er. «Und jetzt?»
«Das ist es eben», sagte der Zensor, «ich nehme an, Sie haben sich verschrieben. Sie müssen immer daran denken, dass ein solches, sagen wir, zeitnahes Gedicht falsch verstanden werden kann, und das liegt doch keineswegs in Ihrer Absicht. Man müsste ja nur schreiben: ‹Und ist das Reich des Herrschers lichtem Tag vergleichbar›, und alles wäre in Ordnung. Ich glaube sogar, dass das auch Ihrer ursprünglichen Meinung viel näher käme.»

«Nein!» sagte Uninskij. Er schrie es beinahe.

«Bst!» Der Zensor hob beschwichtigend die Hände. «Nicht schreien. Sehen Sie, das Gedicht, so wie ich es ihnen verbessert habe, zweifellos in engster Anlehnung an Ihre eigene Auffassung, auch wenn Ihnen das jetzt vielleicht noch nicht ganz klar sein sollte, ist sicher wertvoll. Ich werde es drucken lassen. Nein, Sie brauchen mir nicht zu danken, wirklich nicht, Sie haben es ja selber geschrieben, Sie sind der Künstler, nicht ich, ich bin nur ein kleiner Zensor, aber manchmal, das muss ich gestehen, freut es mich doch, für einen jungen, aufstrebenden Mann etwas tun zu können.»

Uninskij war wie erschlagen. Er schwieg. Wenn er das Gedicht in Druck gehen liess, hatte er bestimmt gute Aussichten, weiter an seiner Arbeit bleiben zu können, was ihm andernfalls unmöglich geworden wäre, und arbeiten wollte er. Er war ja Dichter, musste schreiben, mit seinen Gedanken bis ins Volk eindringen und, auch das war nicht zu vergessen, er musste sogar leben.

Das Gedicht wurde ein grosser Erfolg. Es erschien in prunkvoller Umrandung, inmitten des Literaturblattes der tonangebenden Moskauer Zeitschrift, und darüber prangte neben dem Namen des Dichters die vielsagende Bemerkung: «Ein aufgehender Stern.» Uninskij erhielt Briefe, wurde zu Gesellschaften geladen, umschwärmt, man bat ihn, weitere Gedichte zu schreiben, und die Redaktionen und Verlage rissen sich darum. Er war ein gemachter Mann.

Nun widerfuhr ihm aber etwas Seltsames. Er schrieb zwar, aufgemuntert durch die rasche Abnahme und seinen stets wachsenden Ruhm, der genährt werden wollte, Gedicht um Gedicht, aber es geschah jetzt nicht mehr aus der gleichen Leidenschaft heraus, die ihn früher beherrscht hatte. Es war ihm überhaupt ziemlich gleichgültig, was unter seiner Feder entstand. Wenn sich die Wörter nur richtig zu Zeilen, diese zu Strophen sich zusammenfügten, die Reime sich mühelos anhängen liessen, und das alles war fast immer der Fall. Er entdeckte, dass er die eigenartige Begabung hatte, aus lose herumirrenden Bruchteilen der Sprache ein Gebilde zustande zu bringen, das sich angenehm und meist sogar vielsagend anhörte, auch wenn es keinen tieferen

Sinn in sich barg. Aber die Leute schien das gar nicht zu stören, und so dichtete er weiter. Anfangs hatte er kaum gemerkt, dass sich die Art seiner Dichtungen gewandelt hatte, und als er es dann mit einem gewissen Schrecken, wie man zu seinen Ehren gestehen muss, gewahrte, da war er schon so sehr an Reichtum und Ehre als Folge der neuen, leichten Künstelei gewöhnt, dass er gar nicht mehr daran dachte, diese einträgliche Tätigkeit aufzugeben.

«Wenn ich damit Erfolg habe», sagte er sich, «gut, mein Fehler ist es jedenfalls nicht.»

Erst mit der Zeit, als er den neu erworbenen Glanz etwas satt bekommen hatte, begannen sich die Bedenken in ihm zu melden. «Eigentlich ist es doch seltsam», dachte er, «so viel glücklicher bin ich auch nicht als früher, man gewöhnt sich an alles, am raschesten an Geld und Bequemlichkeit, und dann bedeuten sie einem nichts mehr. Es war doch schön, als ich noch schreiben durfte, wie mir ums Herz war.»

Und er griff zu Feder und Papier, um einen Versuch in der alten Kunst zu machen. Doch was war das? Die Wörter stellten sich so hurtig ein, dass er gar nicht dazu kam, sie auf der Bahn eines echten Gefühls zu ordnen. Sie waren einfach da, ergaben Zeilen, Strophen, ganze Gedichte und liessen sich in keiner Art zurechtweisen.

Er versuchte es von neuem. Sein eigenstes künstlerisches Anliegen, das Aufsteigen der Sehnsucht des suchenden Menschen aus seinen innersten Tiefen heraus, wollte er nun im Gedicht gestalten. Wieder dieses gleiche Versagen. Die plappersüchtigen Wörter eilten herbei, und das Werk war fertig, noch ehe sein Herz in seinem wahren, alten Rhythmus zu schlagen begonnen hatte. Er wollte schon verzweifeln, doch gab er die Hoffnung noch nicht auf. «Vielleicht bin ich müde», dachte er, «ich will es morgen noch einmal wagen.»

Aber am andern Tag ging es nicht besser, auch am dritten und vierten nicht, und nach einer Woche war er so reizbar, dass ihm die Feder in der Hand zitterte. «Wo habe ich wohl mit dieser unseligen Schreiberei begonnen?» fragte er sich, und lange wollte es ihm nicht einfallen. Dann jedoch erinnerte er sich an sein erstes erfolgreiches Gedicht und an das Gespräch mit dem Zensor. Er hätte entschlossener widersprechen, durch keine noch so freundliche Miene sich umstimmen lassen sollen, aber er hatte sich selber verraten, verkauft, und so erlebte er nun die Strafe. Der Erfolg war mit dem Verlust seines wahren Dichtertums teuer bezahlt.

Lange überlegte er, was er tun sollte. Ganze Nächte hindurch lag er schlaflos, mied die Geselligkeit seiner vornehmen Freunde, und dann ging er eines Tages hin und kramte in seinen Schubladen. Endlich fand er ein schon ziemlich zerknülltes Blatt Papier. Es war das unselige Gedicht in seiner wahren, echten und ursprünglichen Fassung, und er hielt es, plötzlich wieder unschlüssig geworden, wie wägend in der Hand. Von neuem setzte er sich hin, versuchte noch einmal aus den Ursprüngen seiner Seele heraus ein Gedicht, nur eine Zeile zu gebären, aber jeder neue Anlauf endete mit der Entstehung einer glatten, leeren Phrase.

Da nahm er das alte Gedicht, liess es in einer kleinen Druckerei, die er von seinen armen Zeiten her kannte, vervielfältigen und verteilte es unter seinem vollen Namen an seine neuen Freunde und Gönner.

Es dauerte nicht lange, da wurde er verhaftet

und wegen Aufwühlung der öffentlichen Meinung nach Sibirien verbannt.

Dort blieb er fünfzehn Jahre. Nach fünf Jahren härtester Zwangsarbeit, während der er keinerlei Vergünstigung genossen hatte, erhielt er durch Vermittlung hochstehender Freunde, die ihm einen Rest der Treue bewahrt hatten, die Erlaubnis, sich schriftlich zu beschäftigen nebst Tinte, Feder und Papier. So entstand sein berühmtes Werk «Die verlorenen Söhne», in dem er das Leben in den sibirischen Bergwerken am Schicksal von Dutzenden von Leidenskameraden, die er in der Gefangenschaft kennengelernt hatte, schildert, und das sich durch eine erstaunliche Lebensnähe auszeichnet. Es ist an diesem Werk immer gerühmt worden, dass es bei aller dichterischen Verklärung den Geruch der sibirischen Minen atme.

Uninskij selber hatte, nachdem er einigermassen zaghaft an die Arbeit gegangen war, schon nach den ersten Kapiteln gefühlt, dass die alte Kraft in seine Adern zurückzuströmen begann, und das hatte ihm einen ungeheuren Aufschwung verliehen. Das Buch, über dreitausend Seiten lang und zum grössten Teil bei spärlichstem Licht geschrieben, war in weniger als zwei Jahren beendet. Es gelang, eine Abschrift davon nach dem Westen zu schmuggeln, wo der Verfasser alsbald so berühmt wurde, dass der Druck der Weltmeinung genügte, den Zaren von weiteren Gewalttaten dem Unglücklichen gegenüber abzuhalten. Er erhielt auch ferner Gelegenheit zu schreiben und verfasste noch drei Romane und eine philosophische Abhandlung über die Anpassungsfähigkeit des Menschen an seine Umwelt, doch war jetzt dafür gesorgt, dass keines dieser Werke über die russische Grenze hinausgelangen sollte. Darum sind sie ausserhalb Russlands auch kaum bekanntgeworden.

Die Revolution brachte dann die Befreiung. Uninskij kehrte nach Moskau zurück und wurde hier als ein Vorkämpfer der neuen Ideenwelt gefeiert. Aber er war alt geworden, seine Schaffenskraft war erlahmt, und gewisse Eigenheiten, fast Schrulligkeiten, die von niemandem verstanden wurden, begannen sein Wesen zu zeichnen. Er huldigte nun einer geradezu krankhaften Wahrheitsliebe, die so weit ging, dass er sich von jedermann zurückzog, den er, meist fälschlicherweise, auch nur der kleinsten Lüge glaubte verdächtigen zu müssen. Das Gedicht, an das sich ausser ihm wohl kein Mensch mehr erinnerte, war ihm von neuem gegenwärtig, und je älter er wurde, desto deutlicher glaubte er die Stunde wieder zu erleben, da er dem Zensor gegenüber gesessen und ihm eines zweifelhaften Erfolges wegen sein Herz verkauft hatte. Alle Qualen des Leibes und der Seele, die er darum erlitten hatte, galten ihm nichts mehr. Er sah nur seine Schuld, und gerne hätte er den Rest seiner Jahre oder gar seinen zweiten, ehrlich verdienten Ruhm daran gegeben, wenn es ihm gelungen wäre, dieses Unrecht aus seinem Leben zu tilgen.

Zudem hatte er sich auch den Umschwung und die neue Zeit anders vorgestellt. Unzulänglichkeiten des Alltags und eines Regimes, das sich im härtesten Kampf gegen das eigene Volk verbiss, kränkten und verstimmten ihn mehr, als er es selber wahrhaben wollte, und brachten ihn bald in bitteren Gegensatz zu den neuen Herren. Nur sein Ruhm und das Bedürfnis der Gewalthaber, auf einige Grössen des Geistes zu ihrer eigenen Rechtfertigung zurückgreifen zu können, bewahrten ihn vor neuerlichen, schweren Verfolgungen.

Eines Tages sass er grübelnd in seinem Zimmer. Er hatte den Kopf auf die gefalteten Hände gestützt und diese um den Knauf seines Stockes gelegt, den er jetzt eines gichtischen Leidens wegen, das er sich in Sibirien zugezogen hatte, zum Gehen benötigte. Da meldete ihm seine Wirtschafterin, eine derbe, während der Aufstände auf den Barrikaden bewährte Person, einen Besuch. Er liess bitten.

Es erschien ein sehr altes Männchen, ganz in Schwarz, nach der Mode vergangener Zeiten gekleidet, mit langen Rockschössen und flatterndem Krawättchen, alles schon ein bisschen schäbig, aber sauber geputzt und gebürstet. Dieses zwerghafte, fast unwirkliche Wesen setzte sich ihm hüstelnd gegenüber. «Uninskij», sagte das Männchen mit seltsam gebrechlicher Stimme, «Alexander Uninskij, du hast mich tief enttäuscht. So sehr, dass ich mich selber kaum dazu bewegen konnte, bei dir vorzusprechen, und nur die Hoffnung, dass doch noch ein Funke von Wahrheit in dir glühen könnte, hat mich den Versuch wagen lassen.»

«Womit kann ich dienen?» fragte Uninskij.

«Warte nur», sagte das Männchen, «du wirst

es schon sehen, musst mich nicht unterbrechen. Du hast doch einmal ein Gedicht geschrieben, ein schönes, gutes Gedicht. ‹Und ist das Reich des Herrschers lichtem Tag vergleichbar›, stand drin, ja, ja, du wirst dich wohl noch erinnern, und das Gedicht entsprach ganz der Wahrheit, doch du bist hingegangen und hast diese dicken Bücher geschrieben, alles verleugnet, was dich berühmt gemacht hat. Pfui Teufel!»

Das Männchen hatte sich ordentlich erregt, und wenn es nicht von einem Hustenanfall gequält worden wäre, so hätte es wahrscheinlich noch lange geredet. Jetzt aber sass es steif da, mit rotem Kopf, und schaute den Dichter böse an.

Uninskij lächelte mühsam. O dieses Gedicht! Er griff in das hinterste Fach seines Schreibtisches und schlug dann in einem vergilbten Bändchen nach. «Ist es etwa dieses?»

«Ja», sagte das Männchen nach einem flüchtigen Blick, «siehst du, du weisst es noch, sag selber, ob es nicht schön ist.»

«Schön», sagte Uninskij «nein!». Aber dann beugte er sich doch darüber, und sein Auge weitete sich. Ein Ruf des Staunens entfloh seinen Lippen.

Das Männchen verabschiedete sich. Es war sichtbar versöhnt. «Also doch», sagte es, «ich wollte nur wissen, ob du noch daran denkst. Freiheit, Recht, Ehre, Reichtum und Frieden! Es waren doch herrliche Zeiten.»

Aber das sagte es ganz leise, denn es stand bereits im Flur draussen und traute den Wänden nicht.

Uninskij hatte schon nicht mehr zugehört. Er schaute auf das Gedicht herab, das die Herrschaft des Zaren verherrlichte, das eine Lüge gewesen war und das ihm nun diese letzte, grösste Überraschung seines Lebens bereitete. «Ich träume doch nicht», dachte er, «und doch, es ist wahr geworden.»

Ja, das Gedicht sagte die Wahrheit, wenn auch in einem ganz andern Sinn, als er es früher jemals für möglich gehalten hätte. Er blieb durchaus bei seiner Ablehnung der tyrannischen und blutigen Herrschaft der gestürzten Machthaber, aber die Erfahrungen mit der neuen Zeit hatten doch bitter gewirkt, und dann sah er in der Vergangenheit auch nicht mehr so sehr den Ausdruck einer bestimmten hassenswerten Ordnung als vielmehr den Schauplatz seiner eigenen, armen und traurigen, aber darum nur um so süsseren Jugend, die mit zauberischer Kraft in sein Alter hineinstrahlte. Das Reich des Herrschers, seltsam verwandelt, war nun tatsächlich dem lichten Tage vergleichbar, und er liess langsam den Kopf auf die Brust sinken. Gedanken kamen und gingen, der schönste davon aber war, dass nun ja auch seine Schuld sich von selbst aufgelöst hatte, denn wenn Lüge zu Wahrheit geworden war, dann gab es nichts mehr, was er sich hätte vorwerfen müssen. Nichts, gar nichts mehr! Es war die Erlösung.

Bis lange nach Mitternacht blieb er über dem schicksalsschweren Gedicht sitzen. Dann griff er zu Feder und Tinte und schrieb es auf ein neues, weisses Papier, so dass es wie eben entworfen erschien. Endlich erhob er sich. Noch einen letzten Blick warf er rückwärts, und seine Finger zuckten, als ob sie nach etwas greifen wollten, aber er wandte sich entschlossen zur Türe.

Am nächsten Morgen fand die Wirtschafterin das verlassene Blatt auf dem Tisch und trug es zur Polizei. Uninskij wurde verhaftet und zum zweiten Male nach Sibirien verbracht, wo er nach einer ganz kurzen Leidenszeit starb. Ein

Mitgefangener berichtete später, er sei im Glauben, zwar nicht an Gott, den er als alter Revolutionär nach wie vor ablehnte, aber an die unbedingte, schaffende und heilende Kraft der Wahrheit ruhig und ohne Bitterkeit gegen irgend jemanden verschieden.

Senioren-Bücherei
Evangelische Kreuzkirchengemeinde
Ludwigstraße 22
5600 Wuppertal 1

John W. Denzler

Intelligenz kennt keine Grenzen

Wir musterten uns aufmerksam durch die trennende Glasscheibe. Im obersten Drittel der Abschrankung war die Scheibe durch ein starkes Maschengitter ersetzt. Er musterte mich fühlend aus rotumränderten Augen; ich ihn mit gespitztem Bleistift sehend. Meine ersten Striche galten der Augenpartie, den schweren Wülsten, welche die Augen schützten, und den sorgenvollen Stirnfalten. Ich weiss, manche Zeichner hätten an meiner Stelle zuerst die gesamte Gestalt erfasst, die in sich ruhende Stellung. Ich beginne immer mit den Augen. Denn wenn die Augenpartie mir einmal vom Blatt entgegensieht, dann scheint mir das Wesentliche gebannt zu sein.

Da der Gorilla und ich die einzigen Anwesenden im Menschenaffenhaus waren – abgesehen von seinen Artgenossen –, hoffte ich, dass ich noch eine ganze Weile seine Aufmerksamkeit an mich fesseln könne. Der nächste Besucher würde ihn dann wohl ablenken. Mittlerweile fügte ich Strich an Strich und legte Schatten, wo eine ausdrucksstarke Struktur eine plastische Wirkung rechtfertigte. Im Laufe dieser Bemühungen vergisst man irgendwann zwischen Fläche und Form das Bewusstsein, dass man einem Akt gegenübersitzt. Ein Akt, der angeblich zehnmal stärker als ein Mensch sein soll.

Meine Arbeit musste mich so in Beschlag genommen haben, dass ich die Ankunft des Besuchers übersah. Da ich unterdessen den Gorilla in Gestalt und Ausdruck auf dem Blatt entworfen hatte, entging mir das veränderte Verhalten des Tieres. Denn im Zeichnen nach Natur kommt der Augenblick, wo die genaue Beobachtung sich weg vom Akt und hin zum Wechselspiel zwischen Vorstellung und Skizze verlagert. Nur so kann ich es mir erklären, dass ich nicht früher die eigenartigen Vorgänge bemerkte. Im nächsten Moment riss mich ein anscheinend gestörter Mensch, ein bedauernswerter Irrer, vom Klappstuhl und schüttelte mich, dass ich mich in den Armen des Gorilla wähnte. Unter unverdächtigen Umständen hätte ich den Kranken als Besucher aus Übersee eingestuft. Diesen Verdacht erweckten – neben dem Tirolerhut, dem roten Blazer – erstens die Hosen in schottischem Tartanmuster und zweitens ihre Länge, die etwa eine Handbreite über den Knöcheln zu einem bunten Ende kamen. Anderseits beängstigte er mich mit einem brüllenden Kauderwelsch, welches mit der englischen Sprache nichts Gemeinsames hatte. Dann durchzuckte mich die Scham wie ein entblösster Nerv. Der «arme Irre» war nur taubstumm und versuchte, mir in grösster Erregung etwas mitzuteilen. Wie dumm von mir. Und wie beschämend! Verlegen streckte ich ihm Bleistift und Blatt entgegen. Der Gorilla, dem ich mit einem Seitenblick kurz mein Augenmerk geschenkt hatte, um den Eindruck meiner Blösse abzuwägen, beobachtete uns interessiert und – ganz ohne Zweifel – grinsend.

Unterdessen hatte der Taubstumme in feiner Blockschrift etwas auf den Rand des Gorillaporträts gekritzelt. Ich beugte mich vor, um die Bemerkung zu entziffern. Mein erster Eindruck bestätigte sich. Der Mann kam aus Übersee, denn das Geschriebene war Englisch. Leider schien auch mein anderer Eindruck zuzutreffen. Ich hatte es mit einem umnachteten Verstand zu

tun. Der Mann behauptete schwarz auf weiss, dass ihn das Tier angesprochen habe. Um Zeit zu gewinnen, räusperte ich mich, las die Bemerkung zum zweiten Mal, kratzte mich an verschiedenen Stellen und blickte zum Gorilla hin, der noch immer grinsend nun mit seinen Händen spielte. Doch den Eindruck der Benommenheit wurde ich nicht los. Schliesslich fragte ich mit übertriebenen Lippenbewegungen:

«Dieser Gorilla hier sprach Sie an?»

Auf englisch natürlich und mit einem beinahe greifbaren Fragezeichen.

Der Mann nickte heftig.

«Wirklich?» In diese Frage legte ich ein vollständiges psychiatrisches Gutachten.

Verärgert über meine Begriffsstutzigkeit notierte der arme Teufel:

«In Ameslan, der amerikanischen Zeichensprache für Taubstumme, Sie Banause.»

Es lohnt sich hier nicht einzeln auszuführen, was mir nach dieser Behauptung alles durch den Kopf ging. Ich wusste nur, dass mir wieder einmal einer jener Tage bevorstand, wo man besser gleich im Bett geblieben wäre. Taubstummensprache. Handzeichen.

Sprachlos beobachtete ich, wie der Taubstumme und der Gorilla sich mit subtilen Zeichen und Lippenbewegungen unterhielten. Zumindest sah es tatsächlich so aus, als ob sich zwischen ihnen etwas abspielte. Anderseits traute ich dem Tier durchaus die Fähigkeit zu, den Menschen in seinem wunderlichen Benehmen nachzuäffen. Ich betete, dass uns keine weiteren Besucher überraschen würden. Mein Gefühl der Verwirrung überwindend, zupfte ich den taubstummen Amerikaner am Arm, um auch etwas vom Gesprächsinhalt zu erfahren. Der Mann ergriff den Bleistift und notierte kopfschüttelnd:

«Ich soll dem Affen zur Flucht verhelfen.»

Da konnte ich mich nicht mehr beherrschen. Ich lachte los, hemmungslos und wohl etwas hysterisch. Gorilla und Taubstummer tauschten Blicke und warteten auf meine Erholung. Darauf nahm ich mich wieder zusammen, denn ich wollte nicht, dass die beiden den Eindruck erhielten, bei mir fehlten ein paar Schrauben. Der Amerikaner notierte die Erklärung, dass Jefferson, der Gorilla, weder die tödliche Langeweile noch das düstere Klima von Z. länger aushalte.

Der Name Jefferson überraschte mich schon gar nicht mehr. Die Angelsachsen verwenden auf Anhieb die Vornamen als Anrede. Ich las weiter. Jefferson beklage sich über seine ungebildeten Artgenossen, mit denen er sich nur mühsam in Buschwelsch unterhalten könne. Wir seien die ersten Affen, die anscheinend ein vernünftiges Gespräch schätzen. Ein Klopfen an der Trennscheibe liess uns wieder zum Gorilla blicken, der sich mit Handbewegungen an den Amerikaner wandte. Dieser Austausch dauerte nicht lange, und der Taubstumme wandte sich mir zu.

«Jefferson möchte wissen, ob Sie taubstumm seien oder noch nicht sprechen gelernt haben.»

Begreiflich, dass mir die Sprache wegblieb. Sie liessen sich aber in ihrem unverschämten Austausch nicht stören. Der Taubstumme ergriff meine Skizze und hielt sie gegen die Scheibe, wo sie von Jefferson während einer Weile aufmerksam studiert wurde. Der Affe kratzte sich eine Weile und schien dann seinen Eindruck dem Amerikaner zu kommentieren.

«Gar nicht übel», Notierte mir der Taubstumme, «eine gewisse, grobe Ähnlichkeit sei erkennbar, obwohl die feinen Nuancen fehlen. Es sei sicherlich schwierig, unter den verschiedenen Affenarten die einzelnen Mitglieder zu unterscheiden.» Wenn ich bis dahin zwischen Zweifel und Verlegenheit geschwankt hatte, dann begann sich nach dieser «Kunstkritik» die Entrüstung zur Gewissheit zu verdichten, dass ich einem Affen zur Belustigung diente. Und doch konnte ich eine gewisse Bewunderung nicht unterdrücken. Wie mühelos sich die benachteiligten Geschöpfe verständigten!

Der Taubstumme riss mich aus meinen Betrachtungen.

«Jefferson möchte ein paar Trauben. Wissen Sie, wo wir welche kaufen können?» Auf das Verbotsschild weisend, erklärte ich, dass Füttern streng untersagt sei. Der Taubstumme leitete diese Erklärung an den Gorilla weiter. Die Antwort liess nicht auf sich warten.

«Quatsch», schrieb der Amerikaner, «das Verbot gilt nur für Ungebildete, die sich nicht mit uns verständigen können.»

Da ich dringend frische Luft und einen klaren Kopf brauchte, stürzte ich hinaus aus dem Affenhaus – auf die Suche nach Trauben.

Die Verschwörung zwischen den beiden musste wohl während meiner Abwesenheit stattgefunden haben. Doch davon später. Ich kaufte die Trauben am Kiosk und wusch sie sorgfältig in der Toilette. Dann kehrte ich zum Affenhaus zurück. Um Jefferson die Trauben zu verabreichen, musste ich dem Taubstummen auf den Rücken klettern und so die saftigen Beeren durch die Gittermaschen stecken. Wir grinsten alle drei wie Lausbuben, als Jefferson schliesslich im Besitz des Leckerbissens war. Unterdessen war der grösste Teil des Morgens dahin, und ich musste zu meiner Arbeit zurückkehren. Ich verabschiedete mich und war mir der Situationskomik bereits nicht mehr bewusst, als wir die gesellschaftlichen Höflichkeitsfloskeln austauschten. Jefferson bedankte sich für die Früchte und fragte, ob ich Erdnüsschen mochte, da er gerne einige für meinen nächsten Besuch zur Seite legen würde. Verrücktheit holte mich erst wieder ein, als Jefferson mir den Rat übersetzen liess, ich solle seine Sprache erlernen, anscheinend sei ich doch ein begabter Kerl. Der Taubstumme unterhielt sich köstlich auf meine Kosten. Ich nahm es den beiden nicht übel. Denn ich freute mich auf den

Augenblick, an dem ich meinen Kollegen diesen Morgen schildern und sie mit Jefferson bekannt machen dürfte.

Leider kam es nicht soweit. Denn wenige Tage später – sicherlich erinnern sich die Leser an den Aufruhr in Presse und Fernsehen – entwich unter bis heute ungeklärten Umständen der Gorilla aus dem Zoo. In den Zeitungen war von Diebstahl oder Entführung die Rede. Ich habe dazu bis heute geschwiegen, aber wahrscheinlich bin ich der einzige, der den genauen Sachverhalt ahnt. Beweise habe ich keine, doch mein bekritzeltes Skizzenblatt spricht für sich. Ich hoffe, dass Jefferson und der Taubstumme ihr Ziel erreichen werden. Zweifel habe ich eigentlich keine. Denn ein Tier, das sich aus dem Käfig herausschwatzen kann, wird auch andere Schranken überwinden. Intelligenz kennt keine Grenzen.

Gerold Späth

Zürich zum ersten, zum zweiten...

Natürlich hörte ich die Blasmusik; warum fragte sie denn, natürlich hörte ich sie! Aber sehen konnte ich nichts; da waren diese vielen grossen Leute, und es begann schon warm zu werden, und ich sah nur die Rücken der Leute, weil meine Mutter meinen jüngeren Bruder hochgehoben hatte und ich drunten bleiben musste. «Du bist mir schon fast zu schwer», hatte sie gesagt. «Sie spielen, hörst du, wie schön sie spielen?» sagte Mama.

Ich hatte die betuchten breiten Rücken vor dem Gesicht und hörte die Marschmusik schon von weither und konnte nichts anderes sehen als diese Rücken; aber das sagte ich ihr nicht, ich sagte nichts, ich musste immerzu an die schöne grosse Frau mit dem braunen Gesicht denken.

«Gib schön die Hand. Das ist deine Tante Ella.»

Ich hatte sie noch nie gesehen. Tante Ella wohnte in der Stadt. – «Ja, es ist ruhig hier, wirklich eine ruhige Lage und doch nicht weit von der nächsten Haltestelle.» Tante Ella hatte einen grossen Mund; dunkelrote Lippen und blanke Zähne und braune Arme und klingelnde Goldreifen am Handgelenk, sie hatte gewelltes schwarzes Haar und grosse dunkle Augen und lange nackte Arme, braunhäutig, auch ihr Gesicht war schön braun, und sie lachte immer so freundlich. Ich merkte den Respekt meiner Mutter vor Tante Ella und der schönen Wohnung. «Ihr habt eine schöne Wohnung, ihr habt es schön eingerichtet», sagte sie und sah sich um; es war Respekt und Verlegenheit und sicher auch Neid. Wir hatten es nicht so schön zu Hause. Wir hatten keinen echten Perserteppich und kein schwarzes Wohnzimmerbuffet, das wie ein Spiegel glänzte, und mein Vater hatte keinen reichen Bruder in Australien.

«Am Anfang hat er's höllisch schwer gehabt, er hat in Parks geschlafen, auf Parkbänken, aber er hat durchgehalten. Jetzt ist er oben. Er hat schon zwei, und noch in diesem Jahr macht er ein drittes auf, im Dezember. Ein paar Wochen vor Weihnacht ist offizielle Eröffnung. Er hat's geschafft.» Tante Ellas Mann war der Bruder jenes Mannes, der es geschafft hatte in Australien; er war kleiner als Tante Ella und sah älter aus, sein Haar war angegraut. Er redete von den Hotels seines Bruders: zwei in Sydney, jetzt eines in Melbourne.

«Er ist seit über fünfzehn Jahren in Australien. Sie haben jetzt Herbst dort unten», sagte Tante Ella,; ich sah ihr den Stolz auf ihren Schwager an.

«Ja, er hat sich gemacht» sagte sie lächelnd.

Der schöne neue Fünfliber tief unterm Nastuch in meiner rechten Hosentasche war das Geschenk jenes Tages: ein Geschenk von Tante Ella. «Gib jedem einen Festbatzen», hatte sie zu ihrem Mann gesagt, und er war mit einem Ruck aus dem Polstersessel hochgeschnellt und hatte sein Portemonnaie hervorgeholt. «Ihr habt aber Glück, ihr beide, ich habe gerade zwei schöne neue Fünfliber.»

Meine Mutter hatte gesagt, das solle er doch bleiben lassen, das sei doch nicht nötig, sei viel zu viel Geld für zwei so kleine Buben; ich habe gesehen, wie sie rot geworden ist, und dann hatte Tante Ella ihren langen braunen Arm ausgestreckt und war mit der Hand unter mein Kinn gefahren, die Goldreifen hatten geklingelt, und hatte meinen Kopf zu ihrem vorgestreckten lachenden Gesicht herangeholt und gesagt: «Du bist doch schon ein richtig grosser kleiner Mann, und jetzt gehst du zum erstenmal ans Sechseläuten, da musst du doch ein bisschen Geld im Sack haben, weisst du», und ihr grosser roter Mund war plötzlich ganz nah vor meinem Gesicht gewesen, und Tante Ella hatte mich auf die Nasenspitze geküsst und hatte wieder gelächelt.

Am besten sehe man's an der Bahnhofstrasse, hatte Onkel Ernst gesagt, bevor wir gegangen waren, am besten dort oder beim Bürkliplatz, wir könnten direkt dorthin fahren mit dem Tram.

«Verlier ihn nur nicht!» sagte Mama auf dem Weg zur Haltestelle; den Fünfliber meines Bruders hatte sie in ihr kleines Portemonnaie und das Portemonnaie ins schwarze Handtäschchen mit dem Schnappverschluss gesteckt. Die Strassen waren leer, die Sonne schien, wir warteten aufs Tram; Mama zupfte ein Taschentüchlein aus dem Täschchen und wischte die Nase meines kleinen Bruders.

«Zum Glück müssen wir nicht umsteigen, umsteigen ist kompliziert», sagte sie, und ich fragte: «Ist das viel Geld?»

«Ja, pass nur auf, dass du's nicht verlierst, das tun wir heute abend in die Sparbüchse», sagte sie.

Ich stand neben meiner Mutter auf dem Trottoir zwischen den vielen Leuten und hörte die erste Blasmusik herankommen und immer lauter werden und sah nichts als Rücken und hörte, wie die Leute klatschten. Als die Musikanten vorbeimarschierten, vorn auf der Strasse, die Bahnhofstrasse hiess und die ich nur hin und wieder zwischen den vielen Rücken hindurch spalteng sehen konnte, spielte die Musik nicht mehr, sie trommelten; es raballerte mächtig, so dicht vor den Leuten marschierten sie vorbei, unglaublich laut dröhnte es auf einmal, es war wie wildes hartes Geknatter; aber dann wurde es dumpfer, es verscherbelte viel schneller als ich gedacht hatte. Dann kam auf einmal mein kleiner Bruder zwischen die Leute zu mir herab und klönte auch schon, weil er wieder auf Mutters Arm hinauf wollte.

«Wart doch jetzt, ich kann dich doch nicht so

lang tragen, und eine Schnudernase hast du auch schon wieder!» sagte Mama. Sie liess ihr Täschchen aufschnappen,, aber mein Bruder klönte weiter und gab keine Ruhe, er prustete zweimal ins Tüchlein und klönte gleich weiter. «Ach, du Plaggeist», sagte sie. «Wart doch jetzt!», und nachdem sie das Taschentuch ins Täschchen zurückgestopft hatte, hob sie ihn wieder hinauf.

«Da kommt wieder eine Marschmusik, hörst du?»

Warum fragte sie nur immer, natürlich hörte ich die Musik.

«Komm. Damit du's auch siehst» sagte sie, und schon stand mein sogleich wieder laut klönender Bruder neben mir,; sie sagte: «Jetzt sei doch still !Er hat noch gar nichts gesehen» und fasste mich unter den Armen um die Brust und hob mich hinauf zu den Kragen und sonnebeschienenen Hüten und einer grossräderigen Kutsche,; die Strasse war breit, und die Kutsche fuhr fast in der Strassenmitte; auch auf der andern Strasseseite standen die Leute dicht gedrängt, einige sassen ganz vorne auf Klappstühlen, vier braune Pferde zogen die Kutsche, hoch oben der

Kutscher, hinter ihm, weiter unten, sassen vier Männer mit Zylinderhüten, sie lachten und warfen den Leuten Blumensträusschen zu, unten begann mein kleiner Bruder zu schreien, und hinterdrein marschierten viele schwarz gekleidete Männer und hatten rote Blumen aufgesteckt, die meisten winkten, und über die vielen Köpfe hinweg sah ich viele Pferde von links die Strasse heraufkommen, und auf jedem Pferd ein Mann in grüner Uniform, und mein Bruder schrie immer lauter; ich sah gerade noch die blechblitzende Blasmusik hinter den vielen Pferden und dann wieder die vielen Leute drüben auf der andern Seite der Strasse, dann sagte Mama laut: «Jetzt sei doch endlich still!», sie meinte meinen Bruder, und sagte: «So, jetzt hast du auch etwas gesehen»; da stand ich wieder zwischen den vielen grossen Leuten und sah nichts als Rücken, derweil mein Bruder oben auf Mamas Arm die Nase ins vorgehaltene Tüchlein schneuzte und nicht mehr schrie.

Ich steckte die rechte Hand in die Hosentasche, grübelte unters Nastuch hinab und presste den Fünfliber an den Oberschenkel, aber an die schöne Tante Ella dachte ich nicht mehr.

Meine Mutter hob mich noch dreimal hinauf, und jedesmal schrie mein Bruder, und jedesmal sah ich blumengeschmückte Wagen und Kutschen und Pferde und die vielen Leute auf der andern Strassenseite und einmal eine Blasmusik, die laut spielte, als sie vorbeimarschierte; es seien mindestens zehnmal mehr Musikanten als in der Stadtmusik, hatte ich gedacht, so laut spielten sie, so viele marschierten da im Takt vorbei. Aber als ich das am Abend erzählte, sagte mein Vater: «Neinein, dann wären's ja fast dreihundert Mann gewesen, und unsere Stadtmusik macht auch ganz schön Krach.»

Kurz nach fünf Uhr waren wir wieder heimgefahren mit dem Zug. Wir hatten noch eine Weile zugeschaut, wie immer mehr Pferde hinten auf den grossen Platz geritten wurden; weiter vorn ein hoher Holzstoss und obendrauf ein grosser Schneemann aus weissem Papier.

«Das ist der Böögg, siehst du, das ist jetzt der Böögg», sagte Mama; mein Bruder klönte mittlerweile schon über eine Stunde lang, er war müde geworden, er wollte keinen Zuckerstengel mehr, er wollte heim.

«Wo hast du den Fünfliber?» wollte Mama

wissen, noch bevor der Zug anfuhr. Ich klaubte ihn hervor – «Da!»

Und zu Hause sagte sie zu meinem Vater, allein gehe sie nie mehr, es sei nicht einem einzigen in den Sinn gekommen, den Grösseren wenigstens ein Weilchen auf den Arm zu nehmen, die Leute stünden nur da und gafften, und sobald sie den Grösseren hochgenommen habe, sei das Geplärr losgegangen, und heiss sei es gewesen in der Stadt, viel heisser als zu Hause. «Schön und richtig Frühling, schon fast Sommer», sagte sie.

Der Grössere, ich wusste es, der war ich.

Damals, als ich zum ersten Mal in Zürich gewesen, am Morgen mit dem Dampfschiff seeabwärts und am Abend mit dem Zug von der Stadt nach Hause gefahren war, sagte Mama auch, sie sei fix und fertig – «So ein wahnsinniger Trubel, o je! Und diese plötzliche Hitze! Und ich mit den beiden Kleinen mittendrin!»

«Die Fingernägel von der Tante Bella sind ganz rot und lang!» rief mein kleiner Bruder. Mama und Papa lachten.

«Sie heisst Tante Ella, sie heisst nicht Bella!» sagte ich.

Als ich zum zweiten Mal nach Zürich fuhr, sassen wir zu viert im Auto, das mein Vater zwei Jahre zuvor gekauft hatte. Ich war damals Fünftklässler und wusste auch schon, wovon meine Eltern sprachen; ich verstand, was sie redeten über dies und das beim Mittagessen oder am Abend oder auf dem Spaziergang.

Tante Ellas Mann war plötzlich gestorben.

Tante Ella war mit dem Bruder ihres Mannes verlobt gewesen, aber jener Bruder war eines Tages verreist, nach Australien.

«Abgehauen», sagte Papa und lachte vor sich hin.

«Ja», sagte meine Mutter, «er hat sie schön sitzenlassen», und mein Vater sagte: «Der hat gewusst warum» und lachte wieder.

Da hatte Tante Ella den daheimgebliebenen Bruder ihres abgereisten Verlobten geheiratet, der war nun plötzlich gestorben: Onkel Ernst war tot.

Tante Ella liess die Leiche ihres Mannes kremieren. Einige Leute, die ich nicht kannte, von denen ich nicht einmal die Namen wusste, standen vor der Friedhofkapelle; es war die Abdankungshalle Nummer drei.

«Das ist der Ältere, und das ist der Jüngere», sagte meine Mutter, und ich schüttelte Frauenhände in schwarzen Handschuhen und Männerhände, die waren meist schweissig. Zwei fremde Frauengesichter sahen verweint aus. Tante Ella weinte nicht, sie trug einen halbkugelrunden Hut mit einem schwarzen Schleier dran; der Schleier war steif, er stand bis zu Tante Ellas ungeschminkter Oberlippe hinab vor ihrem Gesicht. Wenn sie sprach, war ihre Stimme kaum zu hören. Erst nach der Abdankung, als sie zusammen mit ihrer älteren Schwester und den beiden Frauen mit den verweinten Gesichtern wieder in die grosse schwarze Limousine stieg, mit der sie zum Krematorium heraufchauffiert worden war, hörte ich sie reden, fast so laut wieder, wie ich ihre Stimme in Erinnerung hatte seit jenem kurzen Besuch vor Jahren. «Haaach, bin ich froh! Es ist vorbei», sagte Tante Ella. die Limousine fuhr langsam weg.

Ein Kollege des toten Onkel Ernst organisierte die Fahrt in die Stadt; es waren sieben Wagen vorhanden, Platz genug für alle; vielleicht waren's auch acht Autos.

Beim Leichenmahl in einem Restaurant nah

am See, abseits vom rudelweise vorbeibrausenden Cityverkehr und schon ein wenig ausserhalb der Stadt, sagte eine der Frauen, denen man noch immer ansah, dass sie geweint hatten, es sei schade, die beiden Brüder hätten einander sicher gern noch einmal gesehen.

«Ja, er ist vor genau fünf Jahren zum letzten Mal hier gewesen», sagte die andere, «wer hätte das damals gedacht.»

Ich und mein Bruder tranken Süssmost, lange bevor die Erwachsenen ihre Weingläser hoben und einander ein wenig gedämpft zuprosteten.

«Sie will nach Australien», sagte Mama auf der Heimfahrt. «Ich hab's gehört.»

«Von mir aus», sagte Papa.

«Sie hat's zu ihrer Schwester gesagt.».

«Sie kann machen, was sie will», sagte er, und nach einer Weile sagte Mama: «Fort geht sie auf jeden Fall. Weisst du, was sie gesagt hat? Diese Saustadt kotzt mich schon lange an, das hat sie gesagt.»

«Saustadt, ha!» Mein Bruder lachte laut.

«Ja, so ist sie», sagte mein Vater. «So ist sie. Warum, glaubst du, ist der andere ab nach Australien?»

«Ja» sagte Mama, «der wird sich freuen, wenn sie plötzlich bei ihm auftaucht.»

«Stell dir vor», sagte mein Vater; er lachte, dann holte er eine Zigarette aus dem Handschuhfach und drückte den Anzünder hinein; er wartete mit der Zigarette im Mundwinkel darauf, dass der Anzünder herausspringe. Noch bevor es soweit war, sagte Mama: «Schön ist sie, wohlan. Aber saudumm. Und frech dazu. Und immer hoch angeben. Aber mit der Schönheit geht's jetzt langsam bergab.»

«Wir sind doch einmal mit dir am Sechseläuten gewesen», sagte mein Bruder. «Weisst du noch? Da haben wir sie zum ersten Mal besucht.»

«Jaja, ich weiss, zum ersten und letzten Mal», sagte meine Mutter.

«Und da hat sie mir einen Fünfliber gegeben, das weiss ich noch ganz genau», sagte er.

Ja, ich konnte mich auch erinnern.

Der Zigarettenanzünder sprang heraus. Die Stadt lag schon etwa zehn Kilometer hinter uns.

Es vergingen dann zwei oder drei Monate, bis ich nach jenem zweiten Mal wieder nach Zürich fuhr, mit dem Velo damals und ohne Wissen der Eltern und ohne zu wissen, was wir tun wollten in der Stadt. «Ich hab' eine Idee», hatte einer gesagt. «Heute nachmittag fahren wir nach Zürich!» Wir waren zu sechst und fuhren so schnell, dass mein Bruder schon nach etwa zehn Minuten zu lärmen begann: «Nicht so schnell, ihr spinnt ja!» rief er hinter uns her.

Uns war das langsamere Tempo recht; wir waren, wie er, ins Schnaufen gekommen, aber wir atmeten gepresst, um die Anstrengung klein und uns voreinander gross zu machen.

«Oder meint ihr, Zürich laufe euch davon, ihr Spinner!»

«Genau das!» rief einer, an den ich mich nicht mehr so genau erinnere wie an Tante Ella, obwohl meine Tante Ella inzwischen in Australien wohnt und seit Jahren nichts mehr von sich hören lässt.

Laure Wyss

Die schwarze Frau

Wenn ich sie mir vorstelle, sehe ich sie als Riesin durch die Strassen gehen, eine überragende Gestalt. Schwarz gekleidet von oben bis unten, der Rock reicht bis zu den Füssen. Aber sie geht ja gebeugt, merke ich, wenn ich ihr wieder begegne. Der Rücken ist krumm, der Kopf baumelt nach unten, ich habe ihr Gesicht noch nie gesehen. Sie geht schwankend, man ist verwundert, dass sie die Strasse überqueren kann, ohne umzufallen. Kaum auf der andern Seite angelangt, hält sie sich am Gartenzaun fest, angelt sich von Gitterstab zu Gitterstab mühsam vorwärts. Sie stützt sich, wenn kein Zaun das Trottoir abgrenzt, auf die Hauben, die glänzenden Blechhauben der Autos. Sie tut es kräftig und ganz ungeniert; und ich möchte den sehen, der sich erlaubte zu bemerken: «Aber sehen Sie denn nicht, es entstehen Flecken auf dem Auto, man sieht die Spuren Ihrer Hände.»

Man weicht ihr aus, der schwarzen Gestalt. Manchmal, so stelle ich fest, zügeln die Menschen, die ihr begegnen, ihren forschen Schritt und gehen langsamer; vielleicht schämen sie sich ihrer leichten Kraft des Ausholens, sobald sie diese schwankende Gestalt wahrnehmen. Wie wenn sie, im Notfall, eingreifen könnten und sie vor dem Fall retten, überkommt die Passanten eine Sorgfalt; wie wenn sie doch zu Hütern des Nächsten aufgerufen wären? Aber man dreht nie den Kopf nach ihr um, dieses Leiden ist nicht zu besichtigen. Denn da ist keine Schwäche, nichts, das Mitleid erheischt. Eigentlich wäre ich der schwarzen Frau gern einmal gefolgt, hätte wissen wollen, ob sie in die nahe Kirche gehe oder in die Bäckerei um die Ecke und wann wohl wieder den Weg zurück in ihr Zuhause. Aber ich wagte nicht, aus dem Auto auszusteigen, als ich ihrer ansichtig wurde, wagte auch nicht, den Kopf nach ihr umzudrehen. Aus Ehrfurcht? Jedesmal aber bin ich glücklich, wenn ich ihr zufällig begegne. Und es interessiert mich nicht, ob sie auf Anrede unwirsch oder böse oder freundlich reagieren würde.

Das Kolossalste an ihr sind die Füsse. Kolossale Füsse, die dem Körper irgendwie vorangehen, ihn nicht nur tragen, sondern auch führen. Einmal bemerkte ich, dass sie hohe Schuhe trägt und dass ihre Füsse wahrscheinlich verkrüppelt sind. Ich habe noch nie so kolossale und so wichtige Füsse gesehen, Klötze, die den Asphalt treten zur Selbstbehauptung. Jeder Schritt wird dem Weg abgerungen und bringt die Gestalt einen ganzen Schritt vorwärts. Wie wenn sie den Erdball meistern und unter ihre Füsse bringen müsste, so geht die schwarze Frau.

Franz Hohler

Der Wunsch, in einem Hühnerhof zu leben

126 Seiten. Grossdruck. Kartoniert 16.80

Franz Hohler (*1943) gehört zu den erfolgreichsten Schweizer Autoren der jüngeren Generation. Er hat sich sowohl durch seine kabarettistische wie durch seine schriftstellerische Tätigkeit ein breites und interessiertes Publikum geschaffen. Für diesen Band hat er Prosastücke, Erzählungen und Gedichte zusammengestellt; zum Teil stammen sie aus seinen Büchern, zum Teil sind sie erst in Zeitschriften publiziert, zum Teil sind sie bisher unveröffentlicht.

Der Verfasser erzählt von täglichen Gegebenheiten, die alle auf ihre Art ein Eigenleben führen. Seine «Kameralinse» wagt sich an den Menschen heran, indem sie in die Häuser schaut, in denen er wohnt, und auf die Strassen und Plätze, über die er geht. Beharrlich schreibt sich Franz Hohler an die Dinge heran, so nahe oft, dass Wirkliches zu Unwirklichem, Alltägliches zu Geheimnisvollem wird.

Wer bereit ist, wieder wach zu werden für unsere Welt, wer bereit ist zu lachen, der wird diesen Band nicht so schnell aus der Hand legen und später immer wieder darin blättern.

Der Grossdruck soll den Zugang zu Franz Hohlers heiteren und nachdenklichen Texten allen erleichtern, die auf eine grosse und gut leserliche Schrift angewiesen sind.

Otto Steiger

Alles in Ordnung

Erzählungen

125 Seiten. Grossdruck. Kartoniert 16.80

Otto Steiger war als Journalist und Nachrichtensprecher in Bern tätig, leitete dann eine Handelsschule in Zürich und ist heute freier Schriftsteller. Sein Werk umfasst 12 Romane, viele Kurzgeschichten und mehrere Hör- und Fernsehspiele.

In seinen tiefgründig brillanten Erzählungen, die immer senkrecht starten, um ebenso abrupt in die tägliche Bagatelle einzumünden, zeigt sich das besondere Können Otto Steigers. Langatmige Umweltbeschreibungen oder schleppende Gespräche sind in seinen Texten nirgends zu finden, dafür aber spannendes Geschehen, erzählt mit Esprit und Humor.

Werfen wir einen Blick in dieses Buch, so sind wir sofort, ob wir wollen oder nicht, Mithandelnde. Nicht nur dem Gemeinderat eines kleinen Ortes, auch uns verkauft Herr Magaly, der dunkle Herr mit schwarzem Haar, ein seltenes antikes Stück (das uns mit stolzer Freude erfüllt). Auch wir nehmen Abschied von einem einst geliebten Menschen (und sind so ungeschickt dabei). Wir lachen oft (und werden ein kleines bisschen klüger). Wir glauben dem Autor aufs Wort, wenn er dem einsamen Sahli grosszügig Familienanschluss gewährt (aber nur gegen Aufpreis, weil er eigentlich doch nicht erwünscht ist). Und wir lernen schliesslich einen verlotterten Engel mit Zigarette lieben und im Herzen bewahren (weil dies die letzte, die allerletzte Möglichkeit ist, die immer noch besteht . . .).

Guido J. Kolb

Im Schatten der Zürcher Kirchtürme

Geistliche Stories

108 Seiten. Grossdruck. Kartoniert 16.80

Guido J. Kolb ist Pfarrer in der Kirchgemeinde St. Peter und Paul in Zürich. Er ist durch zwei Bändchen heiterer Zürcher Geschichten bekannt geworden, die mehrere Auflagen erlebten.
Kaum haben wir dieses Buch aufgeschlagen, sind wir schon mitten im Geschehen. Voller Entzücken nehmen wir teil an der Hochzeit der schönen Japanerin «Kirschblüte», wir begleiten Pfarrer Kolb bei seinen Besuchen, sitzen mit ihm an Krankenbetten und begegnen sogar Carl Zuckmayer, wobei wir mit dem Pfarrer in arge Verlegenheit geraten... Voller Spannung erleben wir einen «vornehmen» Clochard, einen bankrotten Lebenskünstler, den heiligen Marronibrater, die vielen Sonderlinge, aber auch Würdenträger, fromme und unfromme. Mit dem Autor zusammen entdecken wir liebenswürdige, verschrobene und schrullige Menschen zuletzt, aber immer auch ein bisschen uns selbst.
Wer offen ist für seine Umwelt, der wird diese humorvollen und nachdenklichen Texte mit Vergnügen und Anteilnahme lesen, vorlesen und wieder lesen.
Der Grossdruck soll den Zugang zu Pfarrer Kolbs Erzählungen allen erleichtern, die auf eine grosse und gut leserliche Schrift angewiesen sind.

Senioren - Bücherei
Evangelische Kreuzkirchengemeinde
Ludwigstraße 22
5600 Wuppertal 1

Endlich gibt es augenfreundliche Bücher!

Bei Sumus finden Sie Ihre Lieblingsbücher ausschliesslich grossgedruckt

 Sumus Verlag, Jutta Gütermann, CH-8706 Feldmeilen-Zürich, Höschstr. 19
Besuchen Sie unsere Ausstellung Mo–Fr 14.00–18.00 Uhr, Telefon 01/923 02 59